CİPS, CRISPSLER VE SOSLAR İÇİN SON KILAVUZ

Atıştırmalık Severler için Dayanılmaz Tarifler ve Eşleştirmeleri Keşfedin

Meryem Kaya

Telif Hakkı Malzemesi ©2023

Her hakkı saklıdır

Bu kitabın hiçbir bölümü, incelemede kullanılan kısa alıntılar dışında, yayıncının ve telif hakkı sahibinin uygun yazılı izni olmadan, hiçbir şekilde veya yöntemle kullanılamaz veya aktarılamaz. Bu kitap tıbbi, hukuki veya diğer profesyonel tavsiyelerin yerine geçmemelidir.

İÇİNDEKİLER

İÇİNDEKİLER 3
GİRİİŞ 6
Cips 7
  1. Klasik Ev Yapımı Patates Cipsi 8
  2. Prosciutto cipsi 10
  3. Pancar cipsi 12
  4. Arpa cipsi 14
  5. Biberli cips 16
  6. Fırında Tatlı Patates Cipsi 18
  7. Lahana Cipsi 20
  8. Kabak Cipsi 22
  9. Havuç Cipsi 24
  10. Parmesanlı Sarımsaklı Kabak Cipsi 26
  11. Muz Cipsi 28
  12. Tortilla Cipsi 30
  13. Tarçınlı Şeker Elma Cipsleri 32
  14. Baharatlı Chili Lime Muz Cipsleri 34
  15. Biberiye Sarımsaklı Pancar Cipsi 36
  16. Köri Baharatlı Tatlı Patates Cipsi 38
  17. Otlu Keçi Peynirli Kabak Cipsi 40
  18. Dumanlı Kırmızı Biberli Mısır Cipsi 42
  19. Sarımsaklı Parmesanlı Patates Cipsi 44
  20. Kimyonlu Limonlu Tortilla Cipsi 46
  21. Ekşi Krema ve Soğanlı Lahana Cipsi 48
  22. Otlu kaşarlı pide cipsi 50
  23. Fırında kızartılmış wonton cipsi 52
  24. Çikolata kaplı patates cipsi 54
  25. Ancho Şilili Patates Cipsi 56
  26. Salatalık cipsi 58
  27. Dereotu turşu cipsi 60
  28. Kurutulmuş armut cipsi 62
  29. Kurutulmuş ananas cipsi 64
  30. Patlıcan cipsi 66
  31. Fırında Mor Patates Cipsi 68
  32. Baharatlı yuca cipsleri 70
CİPS 72
  33. Klasik Tuzlu ve Sirkeli Cips 73

34. Cheddar Meksika Eritme Cipsleri 75
35. Melek cipsi 77
36. Tavuk derisi cips satay 79
37. Avokadolu tavuk derisi cipsi 81
38. Parmesanlı sebze cipsi 83
39. Balkabaklı turta, hindistan cevizi cipsi 85
40. Tavuk derisi cipsi Alfredo 87
41. Balkabağı turtası Hindistan cevizli cips 89
42. Hindistan cevizi karamela cipsleri 91
43. Dumanlı peynirli cips 93
44. Parmesanlı kabak cipsi 95
45. Baharatlı Kırmızı Biber Cipsleri 97
46. Biberiye Parmesan Cipsleri 99
47. Barbekü Tatlı Patates Cipsi 101
48. Sarımsak ve Otlu Kabak Cipsleri 103
49. Parmesanlı Bitki Pancar Cipsleri 105
50. Baharatlı Taco Tortilla Cipsleri 107
51. Ballı Hardallı Kraker Cips 109
52. Limon Biber Pide Cips 111
53. Akçaağaç Tarçınlı Balkabağı Cipsleri 113
54. Susamlı Zencefilli Pirinç Kağıdı Cipsleri 115
55. Çikolataya Daldırılmış Muz Cipsleri 117
56. Pastırma hardallı cips 119
57. Benne tohumlu cips 121
58. Kimyon peynirli cips 123
59. Yulaf ezmeli, susamlı cips 125
60. Çam fıstığı cipsi 127
61. Patates kabuğu cipsi 129
62. Potsticker cipsleri 131
63. Mayalı cips 133
64. Brie cipsi 135

DIP'ler 137

65. Buffalo Tavuk Sosu 138
66. Alkali Baba Ganuş 140
67. Kabak ve Nohut Humus 142
68. Limonlu Nohut ve Tahinli Humus 144
69. Sarımsaklı Nohut Humus 146
70. Baharatlı Balkabağı ve Krem Peynir Sosu 148

71. Krem Peynir ve Bal Sosu 150
72. Sarımsaklı Alkali Guacamole 152
73. Alkali Jalapeño Salsa 154
74. Bavyera partisinin düşüşü/yayılması 156
75. Fırında enginar partisi sosu 158
76. Tuğla Peynir Sosu 160
77. Mavi Peynir ve Gouda Peyniri Sosu 162
78. Pub Peynir Sosu 164
79. Baharatlı Mısır Sosu 166
80. Düşük Karbonhidratlı Tavada Pizza Sosu 168
81. Yengeç rangoonu sosu 170
82. Keçi Peyniri Guacamole 172
83. Çiftlik daldırma 174
84. Baharatlı karides ve peynir sosu 176
85. Sarımsak ve pastırma sosu 178
86. Kremalı Keçi Peyniri Pesto Sosu 180
87. Sıcak Pizza Süper sos 182
88. Fırında Ispanak ve Enginar Sosu 184
89. Enginar Sosu 186
90. Kremalı enginar sosu 188
91. Dereotu ve Krem Peynir Sosu 190
92. Yabani Pirinç ve Chili Dip 192
93. Baharatlı Balkabağı ve Krem Peynir Sosu 194
94. Kremalı Ispanak-Tahin Sosu 196
95. Kayısı ve Şili Dip Sosu 198
96. Közlenmiş Patlıcan Sosu 200
97. Turp Mikro Yeşili ve Limon Sosu 203
98. Mango-Ponzu Daldırma Sosu 205
99. Patlıcan Ceviz Ezmesi 207
100. Kavrulmuş Sarımsaklı Şımarık Ispanak Sosu 209

ÇÖZÜM 211

GİRİŞ

« CİPS, CRISPSLER VE SOSLAR İÇİN SON KILAVUZ hoş geldiniz! Bu yemek kitabında atıştırmalık sanatını kutlamaya adanmış lezzetli bir yolculuğa çıkıyoruz. İster bir partiye ev sahipliği yapıyor olun, ister bir film gecesinin tadını çıkarıyor olun, ister sadece canınız leziz bir atıştırmalık çekiyor olsun, bu kitap ihtiyacınızı karşılayacak. Atıştırmalık deneyiminizi yeni boyutlara taşıyacak bir dizi çıtır cips, nefis cips ve ağız sulandıran dip soslarla damak tadınızı baştan çıkarmaya hazırlanın. Klasik favorilerden yenilikçi ve benzersiz kombinasyonlara kadar bu yemek kitabı size cips, patates kızartması ve sosların sonsuz olanaklarını keşfetmeniz için ilham verecek.

Sayfalar boyunca, her atıştırmacının iştahını tatmin edecek özenle seçilmiş tariflerden oluşan bir hazine bulacaksınız. Sağlık bilincine sahip olanlar için ev yapımı patates cipsi, leziz tortilla cipsleri ve hatta sebze bazlı cipsler için tarifler ekledik. Çıtır atıştırmalıklarınızı mükemmel bir şekilde tamamlayan kremalı guacamole, lezzetli salsa ve hoşgörülü peynir sosları gibi çeşitli lezzetli soslara dalın. Ayrıca heyecan verici lezzet çeşitleri, baharat fikirleri ve mükemmel çıtırlığı yakalamaya yönelik ipuçları da bulacaksınız. Misafirlerinizi etkilemeye ve her lokmada damak tadınızı memnun etmeye hazır olun.

Cips

1.Klasik Ev Yapımı Patates Cipsi

İÇİNDEKİLER:
- 4 büyük patates
- Kızartmak için bitkisel yağ
- Tatmak için tuz

TALİMATLAR:
a) Patatesleri yıkayıp soyun. Mandolin dilimleyici veya keskin bir bıçak kullanarak ince ince dilimleyin.
b) Patates dilimlerini bir kase soğuk suya koyun ve 30 dakika bekletin.
c) Patatesleri boşaltın ve temiz bir mutfak havlusuyla kurulayın.
d) Derin bir tavada veya fritözde bitkisel yağı yaklaşık 350°F (175°C) sıcaklığa ısıtın.
e) Patates dilimlerini küçük porsiyonlar halinde 2-3 dakika veya altın rengi kahverengi ve gevrek oluncaya kadar kızartın.
f) Fazla yağı boşaltmak için talaşları kağıt havluyla kaplı bir plakaya aktarmak için oluklu bir kaşık kullanın.
g) Hala sıcakken cipslerin üzerine tuz serpin.
h) Servis yapmadan önce cipslerin biraz soğumasını bekleyin.

2. Prosciutto cipsi

İÇİNDEKİLER:
- 12 (1 ons) dilim prosciutto
- Yağ

TALİMATLAR:
a) Fırını 350°F'ye önceden ısıtın.
b) Bir fırın tepsisini parşömen kağıdıyla hizalayın ve prosciutto dilimlerini tek bir kat halinde yerleştirin. 12 dakika veya prosciutto çıtır çıtır olana kadar pişirin.
c) Yemeden önce tamamen soğumaya bırakın.

3.Pancar Cips

İÇİNDEKİLER:

- 10 orta boy kırmızı pancar
- ½ bardak avokado yağı
- 2 çay kaşığı deniz tuzu
- ½ çay kaşığı toz sarımsak

TALİMATLAR:

a) Fırını 350°F'ye önceden ısıtın. Birkaç fırın tepsisini parşömen kağıdıyla hizalayın ve bir kenara koyun.

b) Pancarları sebze dilimleyiciyle soyun ve uçlarını kesin. Pancarları mandolin dilimleyici veya keskin bir bıçakla dikkatlice yaklaşık 3 mm kalınlığında yuvarlaklar halinde dilimleyin.

c) Dilimlenmiş pancarları geniş bir kaseye alıp yağ, tuz ve toz sarımsağı ekleyin. Her dilimi kaplamak için atın. Tuzun fazla nemi çekmesine izin vererek 20 dakika ayırın.

d) Fazla sıvıyı boşaltın ve dilimlenmiş pancarları hazırlanan fırın tepsilerine tek kat halinde yerleştirin. 45 dakika veya gevrekleşene kadar pişirin.

e) Fırından çıkarın ve soğumaya bırakın. Yemeye hazır olana kadar 1 haftaya kadar hava geçirmez bir kapta saklayın.

4.Arpa cipsi

İÇİNDEKİLER:
- 1 fincan çok amaçlı un
- ½ su bardağı arpa unu
- ½ bardak Haddelenmiş arpa (arpa gevreği)
- 2 yemek kaşığı Şeker
- ¼ çay kaşığı Tuz
- 8 yemek kaşığı tereyağı veya margarin, yumuşatılmış
- ½ bardak Süt

TALİMATLAR:
a) Büyük bir kapta veya mutfak robotunda un, arpa, şeker ve tuzu karıştırın.

b) Karışım kaba bir öğüne benzeyene kadar tereyağını kesin. Yapışkan bir top halinde bir arada tutulacak bir hamur oluşturmak için yeterli miktarda süt ekleyin.

c) Yuvarlamak için hamuru 2 eşit parçaya bölün. Unlu bir yüzey veya hamur işi bezi üzerinde ⅛ ila ¼ inç kadar açın. 2 inçlik daireler veya kareler halinde kesin ve hafifçe yağlanmış veya parşömen kaplı bir fırın tepsisine yerleştirin. Her bir krakerin çatal dişleriyle 2 veya 3 yerinden delin.

d) 20 ila 25 dakika veya orta kahverengi olana kadar pişirin. Tel raf üzerinde soğutun.

5. Pepperoni cipsi

İÇİNDEKİLER:
- 24 dilim şekersiz pepperoni
- Yağ

TALİMATLAR:

a) Fırını 425°F'ye önceden ısıtın.

b) Bir fırın tepsisini parşömen kağıdıyla kaplayın ve biberli dilimleri tek bir katmana yerleştirin.

c) 10 dakika kadar pişirin ve fırından çıkarıp kağıt havluyla fazla yağını alın.

d) 5 dakika daha veya biberli gevrek olana kadar fırına dönün.

6.Pişmiş tatlı patates CİPSLER

İÇİNDEKİLER:
- 2 büyük tatlı patates
- 2 yemek kaşığı zeytinyağı
- Tatmak için biber ve tuz

TALİMATLAR:

a) Fırını önceden 375°F'ye (190°C) ısıtın.

b) Tatlı patatesleri yıkayıp soyun. Mandolin dilimleyici veya keskin bir bıçak kullanarak ince ince dilimleyin.

c) Büyük bir kapta, tatlı patates dilimlerini zeytinyağı, tuz ve karabiberle eşit şekilde kaplanana kadar atın.

d) Dilimleri, parşömen kağıdıyla kaplı bir fırın tepsisine tek bir kat halinde yerleştirin.

e) Çıtır çıtır ve hafifçe kızarıncaya kadar cipsleri yarıya kadar çevirerek 15-20 dakika pişirin.

f) Fırından çıkarın ve servis yapmadan önce cipslerin soğumasını bekleyin.

7.Kale Cips

İÇİNDEKİLER:

- 1 demet lahana
- 1 yemek kaşığı zeytinyağı
- Tatmak için tuz ve herhangi bir ek baharat (örneğin sarımsak tozu, kırmızı biber)

TALİMATLAR:

a) Fırını önceden 325°F'ye (160°C) ısıtın.
b) Lahana yapraklarını iyice yıkayıp kurulayın. Saplarını çıkarın ve yaprakları ısırık büyüklüğünde parçalara ayırın.
c) Bir kasede, lahana parçalarını zeytinyağı, tuz ve seçtiğiniz herhangi bir ek baharatla iyice kaplanana kadar atın.
d) Lahana parçalarını parşömen kağıdıyla kaplı bir fırın tepsisine tek bir kat halinde yerleştirin.
e) 10-15 dakika veya lahana gevrekleşip hafifçe kızarıncaya kadar pişirin.
f) Servis yapmadan önce lahana cipslerinin soğumasını bekleyin.

8.kabak cipsi

İÇİNDEKİLER:

- 2 orta boy kabak
- 2 yemek kaşığı zeytinyağı
- Tatmak için biber ve tuz

TALİMATLAR:

a) Fırını önceden 425°F'ye (220°C) ısıtın.
b) Kabağı mandolin dilimleyici veya keskin bir bıçak kullanarak ince halkalar halinde dilimleyin.
c) Bir kasede kabak dilimlerini zeytinyağı, tuz ve karabiberle iyice kaplanıncaya kadar karıştırın.
d) Dilimleri, parşömen kağıdıyla kaplı bir fırın tepsisine tek bir kat halinde yerleştirin.
e) Çıtır çıtır ve altın rengi kahverengi olana kadar cipsleri yarıya kadar çevirerek 15-20 dakika pişirin.
f) Servis etmeden önce kabak cipslerinin biraz soğumasını bekleyin.

9.Havuç Cipsi

İÇİNDEKİLER:
- 4 büyük havuç
- 2 yemek kaşığı zeytinyağı
- Tatmak için tuz ve herhangi bir ek baharat (örneğin kırmızı biber, kimyon)

TALİMATLAR:
a) Fırını önceden 375°F'ye (190°C) ısıtın.
b) Havuçları yıkayıp soyun. Mandolin dilimleyici veya keskin bir bıçak kullanarak ince ince dilimleyin.
c) Bir kasede havuç dilimlerini zeytinyağı, tuz ve seçtiğiniz diğer baharatlarla iyice kaplanana kadar karıştırın.
d) Dilimleri, parşömen kağıdıyla kaplı bir fırın tepsisine tek bir kat halinde yerleştirin.
e) 12-15 dakika veya havuç cipsleri çıtır çıtır ve hafif kahverengileşene kadar pişirin.
f) Servis yapmadan önce cipslerin soğumasını bekleyin.

10.Parmesanlı Sarımsaklı Kabak Cipsi

İÇİNDEKİLER:

- 2 orta boy kabak
- ¼ su bardağı rendelenmiş parmesan peyniri
- ½ çay kaşığı sarımsak tozu
- ¼ çay kaşığı tuz
- ¼ çay kaşığı karabiber

TALİMATLAR:

a) Fırını önceden 425°F'ye (220°C) ısıtın.

b) Kabağı mandolin dilimleyici veya keskin bir bıçak kullanarak ince halkalar halinde dilimleyin.

c) Bir kapta rendelenmiş Parmesan peyniri, sarımsak tozu, tuz ve karabiberi birleştirin.

d) Kabak dilimlerini iyice kaplanıncaya kadar Parmesan karışımına atın.

e) Dilimleri, parşömen kağıdıyla kaplı bir fırın tepsisine tek bir kat halinde yerleştirin.

f) 12-15 dakika veya kabak cipsleri gevrek ve altın rengi kahverengi olana kadar pişirin.

g) Servis yapmadan önce cipslerin biraz soğumasını bekleyin.

11. Muz Cipsi

İÇİNDEKİLER:

- 2 adet olgun plantain
- Kızartmak için bitkisel yağ
- Tatmak için tuz

TALİMATLAR:

a) Muzları soyun ve mandolin dilimleyici veya keskin bir bıçak kullanarak ince ince dilimleyin.
b) Derin bir tavada veya fritözde bitkisel yağı yaklaşık 350°F (175°C) sıcaklığa ısıtın.
c) Muz dilimlerini küçük gruplar halinde 3-4 dakika veya altın kahverengi ve gevrek olana kadar kızartın.
d) Fazla yağı boşaltmak için talaşları kağıt havluyla kaplı bir plakaya aktarmak için oluklu bir kaşık kullanın.
e) Hala sıcakken cipslerin üzerine tuz serpin.
f) Servis yapmadan önce muz cipslerinin hafifçe soğumasını bekleyin.

12. Tortilla cips

İÇİNDEKİLER:

- 10 mısır ekmeği
- Kızartmak için bitkisel yağ
- Tatmak için tuz

TALİMATLAR:

Tortillaları üst üste koyun ve üçgenler halinde kesin.
Derin bir tavada veya fritözde bitkisel yağı yaklaşık 350°F (175°C) sıcaklığa ısıtın.
Tortilla üçgenlerini küçük gruplar halinde 2-3 dakika veya gevrek ve hafif altın rengi olana kadar kızartın.
Fazla yağı boşaltmak için talaşları kağıt havluyla kaplı bir plakaya aktarmak için oluklu bir kaşık kullanın.
Hala sıcakken cipslerin üzerine tuz serpin.
Servis yapmadan önce tortilla cipslerinin hafifçe soğumasını bekleyin.

13.Tarçınlı Şeker Elma Cipsleri

İÇİNDEKİLER:

- 2 büyük elma
- 1 yemek kaşığı limon suyu
- 1 yemek kaşığı toz şeker
- 1 çay kaşığı öğütülmüş tarçın

TALİMATLAR:

Fırını önceden 225°F'ye (110°C) ısıtın.
Elmaları yıkayıp çekirdeklerini çıkarın. Mandolin dilimleyici veya keskin bir bıçak kullanarak ince ince dilimleyin.
Bir kapta elma dilimlerini limon suyuyla karıştırıp kararmasını önleyin.
Ayrı bir kapta toz şeker ve öğütülmüş tarçını birleştirin.
Tarçınlı şeker karışımını elma dilimlerinin üzerine serpin ve eşit şekilde kaplayın.
Dilimleri, parşömen kağıdıyla kaplı bir fırın tepsisine tek bir kat halinde yerleştirin.
Cipsleri yarıya kadar çevirerek gevrek ve hafif kıvrılıncaya kadar 1,5 ila 2 saat pişirin.
Servis yapmadan önce elma cipslerini soğumaya bırakın.

14.Baharatlı Chili Lime Muz Cips

İÇİNDEKİLER:
- 2 adet olgun plantain
- 2 yemek kaşığı limon suyu
- 1 çay kaşığı biber tozu
- ½ çay kaşığı tuz
- Kızartmak için bitkisel yağ

TALİMATLAR:
Muzları soyun ve mandolin dilimleyici veya keskin bir bıçak kullanarak ince ince dilimleyin.
Bir kapta limon suyunu, biber tozunu ve tuzu birleştirin.
Muz dilimlerini iyice kaplanana kadar limon suyu karışımına atın.
Derin bir tavada veya fritözde bitkisel yağı yaklaşık 350°F (175°C) sıcaklığa ısıtın.
Muz dilimlerini küçük gruplar halinde 3-4 dakika veya altın kahverengi ve gevrek olana kadar kızartın.
Fazla yağı boşaltmak için talaşları kağıt havluyla kaplı bir plakaya aktarmak için oluklu bir kaşık kullanın.
Servis yapmadan önce muz cipslerinin hafifçe soğumasını bekleyin.

15.Biberiye Sarımsak Pancar Cipsi

İÇİNDEKİLER:

- 2 büyük pancar
- 2 yemek kaşığı zeytinyağı
- 1 çay kaşığı kurutulmuş biberiye
- ½ çay kaşığı sarımsak tozu
- ½ çay kaşığı tuz

TALİMATLAR:

Fırını önceden 375°F'ye (190°C) ısıtın.

Pancarları yıkayıp soyun. Mandolin dilimleyici veya keskin bir bıçak kullanarak ince ince dilimleyin.

Bir kapta zeytinyağı, kurutulmuş biberiye, sarımsak tozu ve tuzu birleştirin.

Pancar dilimlerini iyice kaplanana kadar yağ karışımına atın.

Dilimleri, parşömen kağıdıyla kaplı bir fırın tepsisine tek bir kat halinde yerleştirin.

Çıtır çıtır ve hafif kıvrılıncaya kadar cipsleri yarıya kadar çevirerek 15-20 dakika pişirin.

Servis yapmadan önce pancar cipslerinin soğumasını bekleyin.

16.Köri Baharatlı Tatlı Patates Cipsi

İÇİNDEKİLER:

- 2 büyük tatlı patates
- 2 yemek kaşığı zeytinyağı
- 1 çay kaşığı köri tozu
- ½ çay kaşığı tuz
- ¼ çay kaşığı öğütülmüş zerdeçal
- ¼ çay kaşığı öğütülmüş kimyon

TALİMATLAR:

Fırını önceden 375°F'ye (190°C) ısıtın.

Tatlı patatesleri yıkayıp soyun. Mandolin dilimleyici veya keskin bir bıçak kullanarak ince ince dilimleyin.

Bir kasede tatlı patates dilimlerini zeytinyağı, köri tozu, tuz, zerdeçal ve kimyonla iyice kaplanana kadar karıştırın.

Dilimleri, parşömen kağıdıyla kaplı bir fırın tepsisine tek bir kat halinde yerleştirin.

Çıtır çıtır ve hafifçe kızarıncaya kadar cipsleri yarıya kadar çevirerek 15-20 dakika pişirin.

Fırından çıkarın ve servis yapmadan önce cipslerin soğumasını bekleyin.

17.Otlu Keçi Peynirli Kabak Cipsi

İÇİNDEKİLER:

- 2 orta boy kabak
- 2 yemek kaşığı zeytinyağı
- Tatmak için biber ve tuz
- 2 ons keçi peyniri, ufalanmış
- 1 yemek kaşığı taze otlar (maydanoz, dereotu veya fesleğen gibi), doğranmış

TALİMATLAR:

a) Fırını önceden 425°F'ye (220°C) ısıtın.
b) Kabağı mandolin dilimleyici veya keskin bir bıçak kullanarak ince halkalar halinde dilimleyin.
c) Bir kasede kabak dilimlerini zeytinyağı, tuz ve karabiberle iyice kaplanıncaya kadar karıştırın.
d) Dilimleri, parşömen kağıdıyla kaplı bir fırın tepsisine tek bir kat halinde yerleştirin.
e) Ufalanmış keçi peynirini ve doğranmış taze otları kabak dilimlerinin üzerine serpin.
f) 12-15 dakika veya kabak cipsleri gevrek ve altın rengi kahverengi olana kadar pişirin.
g) Servis yapmadan önce cipslerin biraz soğumasını bekleyin.

18.Dumanlı Kırmızı Biberli Mısır Cipsleri

İÇİNDEKİLER:
- 4 kulak mısır
- 2 yemek kaşığı zeytinyağı
- 1 çay kaşığı füme kırmızı biber
- ½ çay kaşığı tuz

TALİMATLAR:
a) Fırını önceden 375°F'ye (190°C) ısıtın.
b) Mısırları ayıklayın ve bir bıçak yardımıyla çekirdeklerini çıkarın.
c) Bir kasede mısır tanelerini zeytinyağı, füme kırmızı biber ve tuzla iyice kaplanana kadar karıştırın.
d) Çekirdekleri, parşömen kağıdıyla kaplı bir fırın tepsisine tek bir kat halinde yayın.
e) Mısır cipsleri çıtır çıtır ve hafifçe kızarana kadar ara sıra karıştırarak 15-20 dakika pişirin.
f) Servis yapmadan önce cipslerin soğumasını bekleyin.

19.Sarımsaklı Parmesanlı Patates Cipsi

İÇİNDEKİLER:

- 4 büyük patates
- Kızartmak için bitkisel yağ
- 3 diş sarımsak, kıyılmış
- ¼ su bardağı rendelenmiş parmesan peyniri
- ½ çay kaşığı tuz
- ¼ çay kaşığı karabiber
- 2 yemek kaşığı taze maydanoz, doğranmış

TALİMATLAR:

Patatesleri yıkayıp soyun. Mandolin dilimleyici veya keskin bir bıçak kullanarak ince ince dilimleyin.
Patates dilimlerini bir kase soğuk suya koyun ve 30 dakika bekletin.
Patatesleri boşaltın ve temiz bir mutfak havlusuyla kurulayın.
Derin bir tavada veya fritözde bitkisel yağı yaklaşık 350°F (175°C) sıcaklığa ısıtın.
Patates dilimlerini küçük porsiyonlar halinde 2-3 dakika veya altın rengi kahverengi ve gevrek oluncaya kadar kızartın.
Fazla yağı boşaltmak için talaşları kağıt havluyla kaplı bir plakaya aktarmak için oluklu bir kaşık kullanın.
Ayrı bir kapta kıyılmış sarımsak, rendelenmiş Parmesan peyniri, tuz, karabiber ve taze maydanozu birleştirin.
Sarımsaklı Parmesan karışımını sıcak patates cipslerinin üzerine serpin ve kaplamak için hafifçe fırlatın.
Servis yapmadan önce cipslerin biraz soğumasını bekleyin.

20.Kimyonlu Limonlu Tortilla Cipsleri

İÇİNDEKİLER:

- 10 mısır ekmeği
- Kızartmak için bitkisel yağ
- 1 çay kaşığı öğütülmüş kimyon
- 1 limon kabuğu rendesi
- Tatmak için tuz

TALİMATLAR:

a) Tortillaları üst üste koyun ve üçgenler halinde kesin.
b) Derin bir tavada veya fritözde bitkisel yağı yaklaşık 350°F (175°C) sıcaklığa ısıtın.
c) Tortilla üçgenlerini küçük gruplar halinde 2-3 dakika veya gevrek ve hafif altın rengi olana kadar kızartın.
d) Fazla yağı boşaltmak için talaşları kağıt havluyla kaplı bir plakaya aktarmak için oluklu bir kaşık kullanın.
e) Bir kapta öğütülmüş kimyonu, limon kabuğu rendesini ve tuzu birleştirin.
f) Kimyonlu limon karışımını sıcak tortilla cipslerinin üzerine serpin ve kaplamak için hafifçe fırlatın.
g) Servis yapmadan önce cipslerin biraz soğumasını bekleyin.

21.Ekşi Krema ve Soğanlı Lahana Cipsi

İÇİNDEKİLER:

- 1 demet lahana
- 2 yemek kaşığı zeytinyağı
- 2 yemek kaşığı ekşi krema tozu
- 1 yemek kaşığı soğan tozu
- ½ çay kaşığı tuz

TALİMATLAR:

a) Fırını önceden 325°F'ye (160°C) ısıtın.
b) Lahana yapraklarını iyice yıkayıp kurulayın. Saplarını çıkarın ve yaprakları ısırık büyüklüğünde parçalara ayırın.
c) Bir kasede lahana parçalarını iyice kaplanana kadar zeytinyağıyla karıştırın.
d) Ayrı bir kapta ekşi krema tozunu, soğan tozunu ve tuzu birleştirin.
e) Ekşi krema ve soğan karışımını lahana parçalarının üzerine serpin ve eşit şekilde kaplayın.
f) Kaplanmış lahana parçalarını parşömen kağıdıyla kaplı bir fırın tepsisine tek kat halinde düzenleyin.
g) 12-15 dakika veya lahana cipsleri gevrek ve hafif kahverengileşinceye kadar pişirin.
h) Servis yapmadan önce cipslerin soğumasını bekleyin.

22.Otlu kaşarlı pide cipsi

İÇİNDEKİLER:

- 1½ inçlik parçalar halinde kesilmiş altı (7 inçlik pide) cep
- 1 çay kaşığı Ufalanmış kurutulmuş adaçayı
- 1 çay kaşığı Kurutulmuş kekik; Ufalanmış
- ½ çay kaşığı Tuz
- ½ çay kaşığı Biber
- 1½ bardak rendelenmiş keskin kaşar; (yaklaşık 6 ons)

TALİMATLAR:

a) Pide parçalarını birbirine yakın, pürüzlü tarafları yukarı bakacak şekilde 2 büyük fırın tepsisine yerleştirin.

b) Küçük bir kapta adaçayı, kekik, tuz ve karabiberi iyice birleştirin, karışımı pide parçalarının üzerine serpin ve üzerine Cheddar peyniri serpin.

c) Cipsleri önceden ısıtılmış 375F'de pişirin. 12 ila 15 dakika veya altın rengi oluncaya kadar fırında pişirin.

23.Fırında kızartılmış wonton cipsleri

İÇİNDEKİLER:
- ½ paket Won-Ton Paketleyiciler
- Sebze Pişirme Spreyi

TALİMATLAR:
a) Fırını 350F'ye önceden ısıtın.
b) Sarmalayıcıları iki yapışmaz çerez kağıdına yerleştirin.
c) Her ambalajı sebze pişirme spreyi ile kaplayın.
d) Sarmalayıcıları üç şerit halinde kesin.
e) Cipsler hafifçe kızarıncaya kadar pişirin.

24.Çikolata kaplı patates cipsi

İÇİNDEKİLER:
- 7 ons Can patates cipsi
- 2 yemek kaşığı Yemeklik yağ
- 2 (12 ons) paket sütlü çikolata parçaları

TALİMATLAR:
a) Çikolatayı ve yemeklik yağı bir tencereye koyun.
b) Mikrodalgayı %50 güçte 4-7 dakika boyunca ısıtın, ara sıra karıştırarak çikolata eriyene ve pürüzsüz bir sos haline gelinceye kadar pişirin.
c) Cipsleri birer birer çikolataya batırın ve bir ucunu açık bırakın.
d) Fazla çikolatayı çıkarmak için hafifçe vurun.
e) Balmumu kağıdına yerleştirin. Tekrarlamak. Çikolata donuncaya kadar cipsleri buzdolabında saklayın. Sıkıca kapatılmış bir kapta saklayın.

25. Ancho Şili patates cipsi

İÇİNDEKİLER:
- 3 su bardağı Fıstık yağı
- 4 adet büyük boy patates, Gaufrette doğranmış
- ½ bardak Ancho şili tozu
- Tuz

TALİMATLAR:

a) Yağı 375 derece F'ye ısıtın.

b) Patatesleri gruplar halinde kızartın ve kağıt havluların üzerine boşaltın.

c) Derhal ancho tozu ve tuzla karıştırın.

26.Salatalık cipsi

İÇİNDEKİLER:
- 24 küçük Salatalık/ dilimlenmiş; ¼ inç kalınlığında
- ½ bardak Turşu tuzu
- 3 su bardağı Sirke (%5 asitlik)
- 1 litre Su
- 1 yemek kaşığı Öğütülmüş zerdeçal
- 1 litre Sirke (%5 asitlik)
- 1 bardak Su
- 2 su bardağı Şeker
- 2 Tarçın çubuğu (3 inç)
- 1 tutam Taze zencefil kökü (1 inç)
- 1 yemek kaşığı Hardal tohumu
- 1 çay kaşığı Bütün karanfil
- 2 su bardağı Esmer şeker; sıkıca paketlenmiş

TALİMATLAR:
a) Salatalıkları geniş bir kaseye koyun; tuz serpin. Örtün ve 3 saat bekletin. İyice boşaltın. Büyük bir Hollanda fırınında 3 bardak sirke, 1 litre su ve zerdeçalı birleştirin; kaynatın ve salatalıkların üzerine dökün. Üzerini kapatıp oda sıcaklığına soğuyana kadar bekletin.
b) Salatalıkları boşaltın ve durulayın.
c) Tekrar boşaltın. Hollandalı bir fırında 1 litre sirke, 1 bardak su ve 2 bardak şekeri birleştirin. Baharatları tülbent torbaya bağlayın ve sirke karışımına ekleyin. Kaynatın; ısıyı azaltın ve kapağın altında 15 dakika pişirin. Karışımı salatalıkların üzerine dökün. Serin bir yerde en az 12 saat bekletin.
d) Şurubu salatalıklardan Hollanda fırınına boşaltın. Kahverengi şekeri ekleyin ve kaynatın. Salatalıkları sıcak, sterilize edilmiş kavanozlara, üstlerinde ¼ inç boşluk kalacak şekilde paketleyin. Kaynayan şurubu salatalıkların üzerine ¼ inç boşluk bırakarak dökün.
e) Hava kabarcıklarını çıkarın; kavanozun kenarlarını silin. Hemen metal kapaklarla ve vidalı bantlarla kapatın.
f) Kaynar su banyosunda 10 dakika işleyin.

27.Dereotu turşu cipsi

İÇİNDEKİLER:
- 2 pint Dilimlenmiş dereotu turşusu; drenajsız
- 1 büyük yumurta; hafif çırpılmış
- 1 yemek kaşığı Çok amaçlı un
- ½ çay kaşığı acı sos
- 1½ bardak Çok amaçlı un
- 2½ çay kaşığı Öğütülmüş kırmızı biber
- 1 çay kaşığı Sarımsak tozu
- ½ çay kaşığı Tuz
- Sebze yağı

TALİMATLAR:
a) Turşuları boşaltın, ⅔ bardak turşu suyunu ayırın.
b) Fazla nemi gidermek için turşuları kağıt havluların arasına bastırın.
c) ⅔ su bardağı turşu suyu, yumurta, 1 yemek kaşığı un ve acı sosu birleştirin; iyice karıştırın ve bir kenara koyun.
d) 1-½ su bardağı unu ve sonraki 3 malzemeyi birleştirin; iyice karıştırın. Turşuları yumurta karışımına batırın; un karışımına bulayın.
e) Tava kullanıyorsanız, yağı 1-½ inç derinliğe kadar dökün. Kaplanmış turşuları sıcak yağda (375F) 2 ila 3 dakika veya altın rengi olana kadar bir kez çevirerek gruplar halinde kızartın. Kağıt havluların üzerine boşaltın.
f) Derhal servis yapın.

28.Kurutulmuş armut cipsi

İÇİNDEKİLER:
- 2 Armut
- 1 bardak Basit şurup

TALİMATLAR:

a) Meyveleri yıkayın ve elektrikli et makinesinde çok ince dilimleyin. Dilimleri basit şuruba batırın ve ardından parşömen kaplı bir tepsiye koyun.

b) Kuruyana kadar 40-60 dakika boyunca 200 derecelik konveksiyon fırınına yerleştirin.

c) Hala sıcakken kağıdın dilimlerini soyun. Tel raf üzerinde tamamen soğutun. Hava geçirmez bir kapta saklayın.

29. Kurutulmuş ananas cipsi

İÇİNDEKİLER:
- 2 Ananas; soyulmuş, özlü, ince dilimlenmiş
- Üzerine serpmek için şeker

TALİMATLAR:
a) Ananasları parşömen kağıdıyla kaplı bir fırın tepsisine yerleştirin.
b) Üzerine şeker serpip 250 derecelik fırında yaklaşık 90 dakika kurutun. Serin.
c) Hava geçirmez bir kaba aktarın.

30.Patlıcan cipsi

İÇİNDEKİLER:
- Patlıcan ¼ inç dilimler veya parmak boyutunda dikdörtgenler halinde çapraz olarak kesilir
- Sıcak yağ

TALİMATLAR:
a) Patlıcanları çapraz olarak ¼ inç dilimler veya parmak boyutunda dikdörtgenler halinde kesin.
b) Kızartma termometresindeki sıcak yağa (375*) hemen bırakın) Altın rengi oluncaya kadar kızartın. Emici kağıt üzerine boşaltın. Tatmak için baharatlayın.
c) Meze olarak veya sebze olarak servis yapın.

31. Fırında pişmiş mor patates cipsi

İÇİNDEKİLER:
- 2 yemek kaşığı Zeytinyağı
- 1 çay kaşığı Kaba tuz
- ¼ çay kaşığı Şeker
- ⅛ çay kaşığı kırmızı biber
- ½ limon suyu
- 3 büyük Mor patates; çok ince dilimlenmiş

TALİMATLAR:
a) Fırını 400 dereceye kadar önceden ısıtın.
b) Geniş bir kapta yağ, tuz, şeker, kırmızı biber ve limon suyunu karıştırın. Patateslere ekleyin ve kaplayın.
c) Patatesleri fırın tepsisine tek kat halinde dizin. Patateslerin alt kısmı kahverengileşmeye başlayana kadar yaklaşık 15 dakika pişirin. Patatesleri ters çevirin ve gevrek ve kahverengi olana kadar yaklaşık 20 dakika pişirin.
d) Gerekirse ilave tuz serpin.

32.Baharatlı yuca cipsleri

İÇİNDEKİLER:
- 2½ pound Taze yuca; 4 inçlik bölümlere kesin
- Derin kızartma için bitkisel yağ
- 1 yemek kaşığı biber tozu
- ¾ çay kaşığı Tuz
- Bir tutam kırmızı biber

TALİMATLAR:
a) Soyma bıçağıyla her yuca bölümünün uzunluğu boyunca ⅛ inç derinliğinde bir yarık açın ve bıçağın yardımıyla kahverengi ve beyaz katmanları kaldırın.

b) 1 mm'lik bir mutfak robotunda. dilimleme diski yuca'yı çapraz olarak dilimleyin.

c) Bir su ısıtıcısında yağın 1-½ inç'ini 375F'ye ısıtın. derin yağlı bir termometre üzerinde.

d) Yuca dilimlerini ayırıp, teker teker yağa bırakın ve gruplar halinde kızartın, 1 ila 2 dakika boyunca veya soluk altın rengi olana kadar çevirin, kızartılırken kağıt havlulara aktarıp süzün.

e) Küçük bir kapta toz biberi, tuzu ve kırmızı biberi karıştırın ve büyük bir kapta cipsleri baharat karışımıyla birlikte atın.

CİPS

33.Klasik Tuzlu ve Sirkeli Cips

İÇİNDEKİLER:
- 4 büyük patates
- 1 çay kaşığı tuz
- 2 yemek kaşığı beyaz sirke

TALİMATLAR:

a) Fırını önceden 375°F'ye (190°C) ısıtın.
b) Patatesleri yıkayıp soyun.
c) Patatesleri mandolin dilimleyici veya keskin bir bıçak kullanarak ince ince dilimleyin.
d) Büyük bir kapta patates dilimlerini tuz ve sirkeyle karıştırıp tüm dilimlerin kaplanmasını sağlayın.
e) Patates dilimlerini parşömen kağıdıyla kaplı bir fırın tepsisine yerleştirin.
f) 15-20 dakika veya gevrek ve altın rengi kahverengi olana kadar pişirin.
g) Fırından çıkarın ve servis yapmadan önce soğumalarını bekleyin.

34. Cheddar Meksika usulü eritilmiş cips

İÇİNDEKİLER:
- 1 su bardağı rendelenmiş keskin kaşar peyniri
- ⅛ çay kaşığı toz sarımsak
- ⅛ çay kaşığı biber tozu
- ⅛ çay kaşığı öğütülmüş kimyon
- 1/16 çay kaşığı acı biber
- 1 yemek kaşığı ince kıyılmış kişniş
- 1 çay kaşığı zeytinyağı

TALİMATLAR:

a) Fırını 350°F'ye önceden ısıtın. Parşömen kağıdı veya Silpat mat ile bir kurabiye sayfası hazırlayın.

b) Tüm malzemeleri orta boy bir kapta iyice birleşene kadar karıştırın.

c) Hazırlanan kurabiye kağıdına yemek kaşığı büyüklüğünde porsiyonlar bırakın.

d) Kenarları kahverengileşene kadar 5-7 dakika pişirin.

e) Bir spatula ile kurabiye kağıdından çıkarmadan önce 2-3 dakika soğumaya bırakın.

35.Melek cipsi

İÇİNDEKİLER:
- ½ bardak) şeker
- ½ su bardağı esmer şeker
- 1 bardak Kısaltma
- 1 yumurta
- 1 çay kaşığı Vanilya
- 1 çay kaşığı Tartar Kreması
- 2 bardak un
- ½ çay kaşığı Tuz
- 1 çay kaşığı Kabartma tozu

TALİMATLAR:
a) Krem şeker, esmer şeker ve katı yağ. Vanilya ve yumurtayı ekleyin. Kabarıncaya kadar karıştırın.
b) Kuru malzemeleri ekle; karışım.
c) Çay kaşığı kadarını top şeklinde yuvarlayın. Önce suya sonra toz şekere batırın. Şekerli tarafı yukarı bakacak şekilde bir kurabiye kağıdına koyun ve ardından bir bardakla düzleştirin.
d) 350 derecede 10 dakika pişirin.

36.Tavuk derisi cips satay

İÇİNDEKİLER:
- 3 büyük tavuk butunun derisi
- 2 yemek kaşığı şeker ilavesiz iri parçalı fıstık ezmesi
- 1 yemek kaşığı şekersiz hindistan cevizi kreması
- 1 çay kaşığı hindistancevizi yağı
- 1 çay kaşığı çekirdeği çıkarılmış ve kıyılmış jalapeno biberi
- ¼ diş sarımsak, kıyılmış
- 1 çay kaşığı hindistan cevizi aminosu

TALİMATLAR:
a) Fırını 350°F'ye önceden ısıtın. Parşömen kağıdıyla kaplı bir kurabiye kağıdına derileri mümkün olduğunca düz bir şekilde yerleştirin.
b) Kabukları açık kahverengi ve gevrek oluncaya kadar, yakmamaya dikkat ederek 12-15 dakika pişirin.
c) Çerez sayfasından derileri çıkarın ve soğuması için bir kağıt havlu üzerine yerleştirin.
d) Küçük bir mutfak robotuna fıstık ezmesi, hindistancevizi kreması, hindistancevizi yağı, jalapeño, sarımsak ve hindistancevizi aminolarını ekleyin. İyice karışana kadar yaklaşık 30 saniye karıştırın.
e) Her çıtır tavuk derisini 2 parçaya bölün.
f) Her tavuk gevrekinin üzerine 1 yemek kaşığı fıstık sosu koyun ve hemen servis yapın. Sos çok akışkansa, kullanmadan önce 2 saat buzdolabında bekletin.

37. Avokadolu tavuk derisi cipsi

İÇİNDEKİLER:

- 3 büyük tavuk butunun derisi
- ¼ orta boy soyulmuş ve çekirdeği çıkarılmış avokado
- 3 yemek kaşığı tam yağlı ekşi krema
- ½ orta boy jalapeno biberi, çekirdeği çıkarılmış ve ince doğranmış
- ½ çay kaşığı deniz tuzu

TALİMATLAR:

a) Fırını 350°F'ye önceden ısıtın. Parşömen kağıdıyla kaplı bir kurabiye kağıdına derileri mümkün olduğunca düz bir şekilde yerleştirin.

b) Kabukları açık kahverengi ve gevrek oluncaya kadar, yakmamaya dikkat ederek 12-15 dakika pişirin.

c) Çerez sayfasından derileri çıkarın ve soğuması için bir kağıt havlu üzerine yerleştirin.

d) Küçük bir kapta avokado, ekşi krema, jalapeno ve tuzu birleştirin.

e) İyice karışana kadar çatalla karıştırın.

f) Her çıtır tavuk derisini 2 parçaya bölün.

g) Her tavuk gevrekinin üzerine 1 yemek kaşığı avokado karışımı koyun ve hemen servis yapın.

38. Parmesanlı sebze cipsi

İÇİNDEKİLER:
- ¾ bardak rendelenmiş kabak
- ¼ bardak rendelenmiş havuç
- 2 su bardağı taze rendelenmiş parmesan peyniri
- 1 yemek kaşığı zeytinyağı
- ¼ çay kaşığı karabiber

TALİMATLAR:
a) Fırını 375°F'ye önceden ısıtın. Parşömen kağıdı veya Silpat mat ile bir kurabiye sayfası hazırlayın.
b) Kıyılmış sebzeleri bir kağıt havluya sarın ve fazla nemi sıkın.
c) Tüm malzemeleri orta boy bir kapta iyice birleşene kadar karıştırın.
d) Hazırlanan kurabiye kağıdına yemek kaşığı büyüklüğünde tepecikler yerleştirin.
e) Hafifçe kızarıncaya kadar 7-10 dakika pişirin.
f) 2-3 dakika soğumaya bırakın ve çerez sayfasından çıkarın.

39.Balkabağı turtası hindistan cevizi cipsi

İÇİNDEKİLER:
- 2 yemek kaşığı hindistancevizi yağı
- ½ çay kaşığı vanilya özü
- ½ çay kaşığı balkabağı turtası baharatı
- 1 yemek kaşığı granül eritritol
- 2 su bardağı şekersiz hindistan cevizi gevreği
- ⅛ çay kaşığı tuz

TALİMATLAR:
a) Fırını 350°F'ye önceden ısıtın.
b) Hindistan cevizi yağını mikrodalgaya dayanıklı orta boy bir kaba koyun ve eriyene kadar yaklaşık 20 saniye mikrodalgada tutun.
c) Hindistan cevizi yağına vanilya özü, balkabağı turtası baharatı ve granül eritritol ekleyin ve birleşene kadar karıştırın.
d) Hindistan cevizi pullarını orta boy bir kaseye yerleştirin, üzerine hindistancevizi yağı karışımını dökün ve kaplayın. Bir kurabiye kağıdına tek kat halinde yayın ve üzerine tuz serpin.
e) 5 dakika veya hindistancevizi gevrekleşene kadar pişirin.

40.Tavuk derisi cipsi alfredo

İÇİNDEKİLER:

- 3 büyük tavuk butunun derisi
- 2 yemek kaşığı ricotta peyniri
- 2 yemek kaşığı krem peynir
- 1 yemek kaşığı rendelenmiş parmesan peyniri
- ¼ diş sarımsak, kıyılmış
- ¼ çay kaşığı öğütülmüş beyaz biber

TALİMATLAR:

a) Fırını 350°F'ye önceden ısıtın. Parşömen kağıdıyla kaplı bir kurabiye kağıdına derileri mümkün olduğunca düz bir şekilde yerleştirin.

b) Kabukları açık kahverengi ve gevrek oluncaya kadar, yakmamaya dikkat ederek 12-15 dakika pişirin.

c) Çerez sayfasından derileri çıkarın ve soğuması için bir kağıt havlu üzerine yerleştirin.

d) Küçük bir kaseye peynir, sarımsak ve biber ekleyin. İyice karışana kadar çatalla karıştırın.

e) Her çıtır tavuk derisini 2 parçaya bölün.

f) Her tavuk gevrekinin üzerine 1 çorba kaşığı peynir karışımı koyun ve hemen servis yapın.

41. Balkabağı turtası Hindistan cevizli cips

İÇİNDEKİLER:
- 2 yemek kaşığı hindistancevizi yağı
- ½ çay kaşığı vanilya özü
- ½ çay kaşığı balkabağı turtası baharatı
- 1 yemek kaşığı granül eritritol
- 2 su bardağı şekersiz hindistan cevizi gevreği
- ⅛ çay kaşığı tuz

TALİMATLAR:
a) Fırını 350°F'ye önceden ısıtın.

b) Hindistan cevizi yağını mikrodalgaya dayanıklı orta boy bir kaba koyun ve eriyene kadar yaklaşık 20 saniye mikrodalgada tutun. Hindistan cevizi yağına vanilya özü, balkabağı turtası baharatı ve granül eritritol ekleyin ve birleşene kadar karıştırın.

c) Hindistan cevizi pullarını orta boy bir kaseye yerleştirin, üzerine hindistancevizi yağı karışımını dökün ve kaplayın. Bir kurabiye kağıdına tek kat halinde yayın ve üzerine tuz serpin.

d) 5 dakika veya hindistancevizi gevrekleşene kadar pişirin.

42. Hindistan cevizi karamelli cips

İÇİNDEKİLER:

- 1½ bardak Çok amaçlı un
- ½ çay kaşığı Kabartma tozu
- ½ fincan Tereyağı veya katı yağ
- ½ fincan Sıkıca paketlenmiş kahverengi şeker
- 1 paket tereyağlı puding karışımı
- 1 yumurta
- ½ su bardağı Hindistan cevizi

TALİMATLAR:

a) Unu kabartma tozu ile karıştırın. Tereyağını krema haline getirin ve şeker ve puding karışımıyla çırpın.

b) Yumurtayı ekleyip iyice karıştırın. un karışımını karıştırın.

c) Çapı yaklaşık 1 inç olan küçük toplar haline getirin. Hindistan cevizine bulayın.

d) Yağlanmamış fırın tepsisine yerleştirin ve una batırılmış bardağın alt kısmıyla bastırın.

e) 350 derece F'de 10 dakika pişirin.

f) Çarşaflardan çıkarın ve raflarda soğutun.

43.Dumanlı peynirli cips

İÇİNDEKİLER:
- 2 su bardağı rendelenmiş kaşar
- 1 su bardağı rendelenmiş parmesan
- Bir avuç gökkuşağı mikro yeşili
- ½ çay kaşığı füme kırmızı biber

TALİMATLAR:

a) Peynirleri kırmızı biberle iyice karışana kadar karıştırın.

b) ¼ fincan miktarını waffle demir plakalarına dökün ve 5 dakika veya altın rengi ve gevrek oluncaya kadar pişirin.

c) Cipsleri fırından çıkarın ve 10 saniye boyunca tahta bir kaşığın arkasına koyun; kıvrıldıkça sertleşecekler.

d) Karışımın geri kalanıyla tekrarlayın.

e) Mikro yeşilliklerle servis yapın.

44.Parmesanlı kabak cipsi

İÇİNDEKİLER:
- 1 kabak, dilimlenmiş
- ½ su bardağı rendelenmiş parmesan peyniri

TALİMATLAR:
a) Hava fritözünü 370°F'ye önceden ısıtın.
b) Kabak yuvarlaklarını hava fritözüne tek kat halinde katlayın.
c) Kabak turtalarının üzerine bir kat parmesan peyniri ekleyin.
d) 10 dakika boyunca hava fritözü.
e) En sevdiğiniz dip sosla servis yapın.

45. Baharatlı Biber Cipsleri

İÇİNDEKİLER:

- 4 büyük patates
- 2 yemek kaşığı zeytinyağı
- 1 çay kaşığı kırmızı biber
- ½ çay kaşığı pul biber (baharat tercihine göre ayarlayın)
- ½ çay kaşığı tuz

TALİMATLAR:

a) Fırını önceden 375°F'ye (190°C) ısıtın.

b) Patatesleri yıkayıp soyun.

c) Patatesleri mandolin dilimleyici veya keskin bir bıçak kullanarak ince ince dilimleyin.

d) Bir kapta zeytinyağı, kırmızı biber, kırmızı biber ve tuzu birleştirin.

e) Patates dilimlerini iyice kaplanıncaya kadar baharat karışımına atın.

f) Patates dilimlerini parşömen kağıdıyla kaplı bir fırın tepsisine yerleştirin.

g) 15-20 dakika veya gevrek ve hafifçe kızarana kadar pişirin.

h) Servis yapmadan önce cipslerin soğumasını bekleyin.

46.Biberiye Parmesanlı Cips

İÇİNDEKİLER:

- 4 büyük patates
- 2 yemek kaşığı zeytinyağı
- 2 yemek kaşığı rendelenmiş parmesan peyniri
- 1 yemek kaşığı taze biberiye, doğranmış
- ½ çay kaşığı tuz
- ¼ çay kaşığı karabiber

TALİMATLAR:

Fırını önceden 375°F'ye (190°C) ısıtın.

Patatesleri yıkayıp soyun.

Patatesleri mandolin dilimleyici veya keskin bir bıçak kullanarak ince ince dilimleyin.

Bir kapta zeytinyağı, Parmesan peyniri, biberiye, tuz ve karabiberi birleştirin.

Patates dilimlerini iyice kaplanıncaya kadar karışıma atın.

Patates dilimlerini parşömen kağıdıyla kaplı bir fırın tepsisine yerleştirin.

15-20 dakika veya gevrek ve altın rengi kahverengi olana kadar pişirin.

Servis yapmadan önce cipslerin soğumasını bekleyin.

47.Barbekü Tatlı Patates Cipsi

İÇİNDEKİLER:

- 2 orta boy tatlı patates
- 2 yemek kaşığı zeytinyağı
- 1 yemek kaşığı barbekü baharatı
- ½ çay kaşığı tuz

TALİMATLAR:

Fırını önceden 375°F'ye (190°C) ısıtın.
Tatlı patatesleri yıkayıp soyun.
Tatlı patatesleri mandolin dilimleyici veya keskin bir bıçak kullanarak ince ince dilimleyin.
Bir kapta zeytinyağını, barbekü baharatını ve tuzu birleştirin.
Tatlı patates dilimlerini iyice kaplanana kadar karışıma atın.
Tatlı patates dilimlerini parşömen kağıdıyla kaplı bir fırın tepsisine yerleştirin.
15-20 dakika veya gevrek ve hafif karamelize olana kadar pişirin.
Servis yapmadan önce cipslerin soğumasını bekleyin.

48.Sarımsak ve Otlu Kabak Cipsleri

İÇİNDEKİLER:

- 2 orta boy kabak
- 2 yemek kaşığı zeytinyağı
- 2 diş sarımsak, kıyılmış
- 1 çay kaşığı kurutulmuş fesleğen
- ½ çay kaşığı kurutulmuş kekik
- ½ çay kaşığı tuz
- ¼ çay kaşığı karabiber

TALİMATLAR:

Fırını önceden 375°F'ye (190°C) ısıtın.
Kabağı mandolin dilimleyici veya keskin bir bıçak kullanarak yıkayıp ince ince dilimleyin.
Bir kapta zeytinyağı, kıyılmış sarımsak, kuru fesleğen, kurutulmuş kekik, tuz ve karabiberi birleştirin.
Kabak dilimlerini iyice kaplanıncaya kadar karışıma atın.
Kabak dilimlerini parşömen kağıdıyla kaplı bir fırın tepsisine yerleştirin.
12-15 dakika veya kenarları altın rengi kahverengi ve gevrek oluncaya kadar pişirin.
Servis yapmadan önce cipslerin soğumasını bekleyin.

49.Parmesan Bitkili Pancar Cipsleri

İÇİNDEKİLER:

- 2 orta boy pancar
- 2 yemek kaşığı zeytinyağı
- 2 yemek kaşığı rendelenmiş parmesan peyniri
- ½ çay kaşığı kurutulmuş kekik
- ½ çay kaşığı tuz
- ¼ çay kaşığı karabiber

TALİMATLAR:

Fırını önceden 375°F'ye (190°C) ısıtın.

Pancarları yıkayıp soyun.

Pancarları mandolin dilimleyici veya keskin bir bıçak kullanarak ince ince dilimleyin.

Bir kapta zeytinyağı, Parmesan peyniri, kurutulmuş kekik, tuz ve karabiberi birleştirin.

Pancar dilimlerini iyice kaplanana kadar karışıma atın.

Pancar dilimlerini parşömen kağıdıyla kaplı bir fırın tepsisine yerleştirin.

15-20 dakika veya gevrek ve hafif karamelize olana kadar pişirin.

Servis yapmadan önce cipslerin soğumasını bekleyin.

50.Baharatlı Taco Tortilla Cipsleri

İÇİNDEKİLER:

- 4 büyük un tortillası
- 2 yemek kaşığı zeytinyağı
- 1 yemek kaşığı taco baharatı
- ½ çay kaşığı biber tozu
- ¼ çay kaşığı acı biber (baharat tercihine göre ayarlayın)
- ½ çay kaşığı tuz

TALİMATLAR:

Fırını önceden 375°F'ye (190°C) ısıtın.
Tortillaları üst üste koyun ve dilimler halinde kesin.
Bir kasede zeytinyağı, taco baharatı, kırmızı biber, kırmızı biber ve tuzu birleştirin.
Tortilla dilimlerini iyice kaplanana kadar baharat karışımına atın.
Tortilla dilimlerini parşömen kağıdıyla kaplı bir fırın tepsisine yerleştirin.
10-12 dakika veya gevrek ve altın rengi kahverengi olana kadar pişirin.
Servis yapmadan önce cipslerin soğumasını bekleyin.

51.Ballı Hardallı Pretzel Cips

İÇİNDEKİLER:

- 4 bardak çubuk kraker
- 3 yemek kaşığı eritilmiş tereyağı
- 2 yemek kaşığı bal
- 2 yemek kaşığı Dijon hardalı
- ½ çay kaşığı sarımsak tozu
- ½ çay kaşığı soğan tozu
- ¼ çay kaşığı tuz

TALİMATLAR:

Fırını önceden 325°F'ye (160°C) ısıtın.
Büyük bir kapta eritilmiş tereyağı, bal, Dijon hardalı, sarımsak tozu, soğan tozu ve tuzu birleştirin.
Çubuk kraker çubuklarını kaseye ekleyin ve eşit şekilde kaplanıncaya kadar fırlatın.
Çubuk kraker çubuklarını, parşömen kağıdıyla kaplı bir fırın tepsisine tek kat halinde yayın.
Krakerler çıtır ve altın rengi oluncaya kadar yarı yolda karıştırarak 15-20 dakika pişirin.
Servis yapmadan önce cipslerin tamamen soğumasını bekleyin.

52. Limon Biber Pide Cips

İÇİNDEKİLER:
- 4 pide ekmeği turu
- 2 yemek kaşığı zeytinyağı
- 1 limon kabuğu rendesi ve
- 1 çay kaşığı karabiber
- ½ çay kaşığı tuz

TALİMATLAR:
a) Fırını önceden 375°F'ye (190°C) ısıtın.
b) Pide ekmeklerini küçük üçgenler veya istenilen şekillerde kesin.
c) Küçük bir kapta zeytinyağı, limon kabuğu rendesi, karabiber ve tuzu birleştirin.
d) Pide üçgenlerinin her iki tarafını da zeytinyağı karışımıyla fırçalayın.
e) Pide üçgenlerini parşömen kağıdıyla kaplı bir fırın tepsisine yerleştirin.
f) 10-12 dakika veya gevrek ve hafif altın rengi olana kadar pişirin.
g) Servis yapmadan önce cipslerin soğumasını bekleyin.

53.Akçaağaç Tarçın Balkabagi Cips

İÇİNDEKİLER:
- 1 küçük balkabağı
- 2 yemek kaşığı eritilmiş tereyağı
- 2 yemek kaşığı akçaağaç şurubu
- 1 çay kaşığı öğütülmüş tarçın
- ½ çay kaşığı tuz

TALİMATLAR:
a) Fırını önceden 375°F'ye (190°C) ısıtın.
b) Balkabağını soyun ve çekirdeklerini çıkarın. Mandolin dilimleyici veya keskin bir bıçak kullanarak ince ince dilimleyin.
c) Bir kasede eritilmiş tereyağı, akçaağaç şurubu, tarçın ve tuzu birleştirin.
d) Balkabağı dilimlerini iyice kaplanana kadar karışıma atın.
e) Balkabağı dilimlerini parşömen kağıdıyla kaplı bir fırın tepsisine yerleştirin.
f) 20-25 dakika veya gevrek ve karamelize olana kadar pişirin.
g) Servis yapmadan önce balkabağı cipslerinin tamamen soğumasını bekleyin.

54.Susamlı Zencefilli Pirinç Kağıdı Cipsleri

İÇİNDEKİLER:
- 10 adet pirinç kağıdı
- 2 yemek kaşığı susam yağı
- 1 yemek kaşığı soya sosu
- 1 yemek kaşığı pirinç sirkesi
- 1 çay kaşığı rendelenmiş zencefil
- ½ çay kaşığı tuz
- Garnitür için susam tohumları

TALİMATLAR:
a) Fırını önceden 375°F'ye (190°C) ısıtın.
b) Pirinç kağıdı yapraklarını üçgenlere veya istenilen şekillere kesin.
c) Bir kapta susam yağı, soya sosu, pirinç sirkesi, rendelenmiş zencefil ve tuzu birleştirin.
d) Pirinç kağıdı üçgenlerinin her iki tarafını da yağ karışımıyla hafifçe fırçalayın.
e) Pirinç kağıdı üçgenlerini parşömen kağıdıyla kaplı bir fırın tepsisine yerleştirin.
f) Süslemek için üzerine susam serpin.
g) 8-10 dakika veya cipsler çıtır ve hafif altın rengi oluncaya kadar pişirin.
h) Servis yapmadan önce cipslerin soğumasını bekleyin.

55.Çikolataya batırılmış muzlu cips

İÇİNDEKİLER:

- 2 adet olgun muz
- 4 ons bitter çikolata, doğranmış
- Çeşitli soslar (örneğin doğranmış fındık, kıyılmış hindistan cevizi, serpme)

TALİMATLAR:

a) Bir fırın tepsisini parşömen kağıdıyla hizalayın.
b) Muzları soyun ve ince halkalar halinde dilimleyin.
c) Muz dilimlerini hazırlanan fırın tepsisine yerleştirin.
d) Mikrodalgaya dayanıklı bir kapta, koyu çikolatayı 30 saniyelik aralıklarla, pürüzsüz ve tamamen eriyene kadar arada karıştırarak eritin.
e) Her bir muz dilimini yarısına kadar eritilmiş çikolataya batırın ve fazlalığın damlamasını sağlayın.
f) Daldırılmış muz dilimlerini tekrar parşömen kaplı fırın tepsisine yerleştirin.
g) Muz dilimlerinin çikolataya batırılmış kısmının üzerine istediğiniz malzemeleri serpin.
h) Fırın tepsisini 20-30 dakika veya çikolata sertleşene kadar buzdolabına koyun.
i) Çikolata donduktan sonra muz cipslerini buzdolabından çıkarın.
j) Servis yapın ve tadını çıkarın!

56.Pastırma hardallı cips

İÇİNDEKİLER:
- 7 dilim Yağsız pastırma
- ½ bardak Su
- ¼ bardak Dijon tarzı hardal
- 2 fincan çok amaçlı un
- ½ çay kaşığı Tuz
- 1 yemek kaşığı Kabartma tozu
- 1 çay kaşığı Taze çekilmiş beyaz biber
- 6 yemek kaşığı soğuk tereyağı; 6 parçaya bölün

TALİMATLAR:
a) Pastırmayı büyük bir tavada gevrekleşinceye kadar pişirin. Boşaltmak için kağıt havluların üzerine yerleştirin ve 2 yemek kaşığı pastırma damlamasını ayırın. Pastırmayı ince ince doğrayın.

b) Metal bıçaklı bir mutfak robotunda su, hardal ve 2 yemek kaşığı pastırma damlamasını birleştirin. Sadece harmanlanana kadar işlem yapın.

c) Metal bıçaklı bir mutfak robotunda un, tuz, kabartma tozu ve beyaz biberi birleştirin. Birleştirme süreci. Tereyağı ekleyin; karışım kaba bir öğüne benzeyene kadar nabız atın. Hardal karışımını ekleyin ve harmanlanana kadar nabız atın. Pastırma ekleyin ve pastırmayı karıştırmaya yetecek kadar bir veya iki kez nabız atın.

d) Karışımı hafifçe unlanmış bir çalışma yüzeyine yerleştirin. Unlanmış merdaneyle hamuru yarım santim kalınlığında açın. 2 inçlik yuvarlak bir kesiciyi una batırın ve hamurun içine bastırın. Yağlanmamış 2 fırın tepsisine yuvarlakları yerleştirin. Artıkları toplayın ve yuvarlayın ve mümkün olduğu kadar çok tur kesmeye devam edin.

e) Önceden ısıtılmış fırında 10-12 dakika veya altın rengi olana kadar pişirin. Soğutma raflarına aktarın.

57.Benne tohumlu cips

İÇİNDEKİLER:
- 1 su bardağı sarı mısır unu
- 2 yemek kaşığı Tereyağı; erimiş
- ½ bardak Çok amaçlı un; elenmiş
- ⅓ bardak krema
- Susam taneleri
- ½ çay kaşığı Tuz
- ¼ çay kaşığı Kabartma tozu

TALİMATLAR:
a) Fırını 350 dereceye kadar önceden ısıtın.
b) Mısır unu, un, tuz ve kabartma tozuyla birlikte bir kaseye eleyin.
c) Tereyağı ve kremayı karıştırın.
d) Hamuru unlanmış bir tahta üzerinde bir arada tutuncaya kadar (6 ila 8 kez) yoğurun.
e) Hamuru unlanmış tezgahta bir çay kaşığı kadar yuvarlayın.
f) Susam serpin.
g) Kenarları düzensiz bırakarak çok ince 4 "çaplı turlar halinde yuvarlayın.
h) Yağlanmamış bir kurabiye tepsisinde altın rengi olana kadar (yaklaşık 15 dakika) pişirin.
i) Hala sıcakken tuz serpin.
j) Sıkıca kapatılmış bir kapta saklayın. Kokteyller ve deniz mahsulleri çorbalarıyla iyi gider.

58.Kimyon peynirli cips

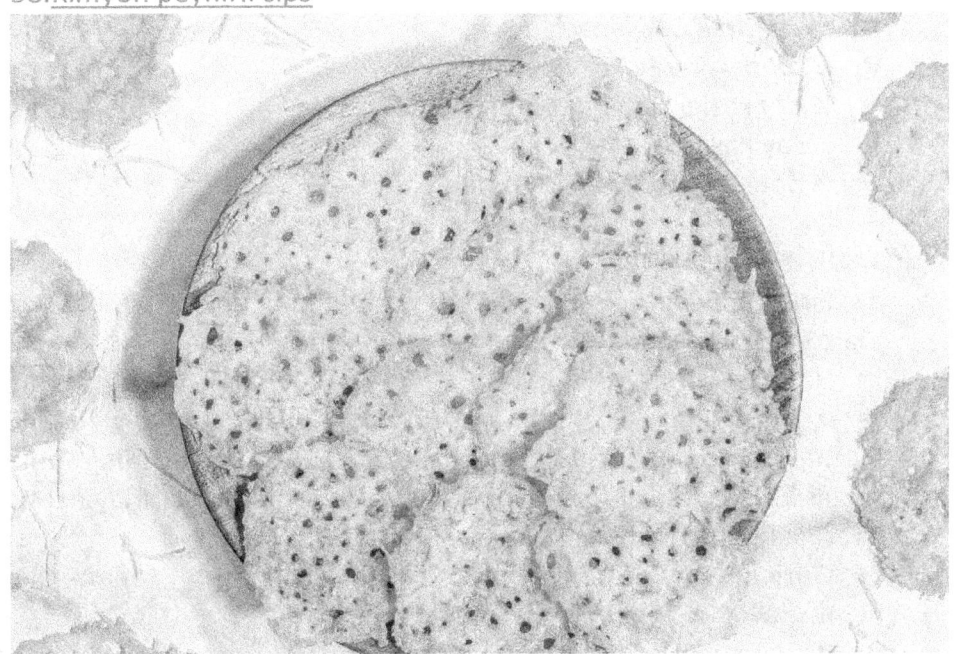

İÇİNDEKİLER:

- 1½ bardak Çok amaçlı un
- ½ bardak Tereyağı, yumuşatılmış
- ½ çay kaşığı kimyon tohumu
- ¼ çay kaşığı Tuz
- ¾ pound Çedar peyniri, rendelenmiş

TALİMATLAR:

a) Fırını 425 dereceye kadar önceden ısıtın. Büyük bir kapta tüm malzemeleri karışana kadar elinizle yoğurun.

b) Hamuru yarım inçlik toplar halinde şekillendirin. Yağlanmamış bir çerez kağıdına, üç hamur topunu bir kümeye yerleştirin. Parmaklarınızla kümeyi ¼ inç kalınlığa kadar düzleştirin. Kümeleri yaklaşık 2 inç aralıklarla yerleştirerek kalan toplarla tekrarlayın. Hafifçe kızarıncaya kadar 10 ila 12 dakika pişirin.

c) Gözleme çeviriciyi kullanarak peynir cipslerini tel raflara çıkarın; Serin.

d) Peynirli cipsleri 3 gün içinde tüketmek üzere sıkıca kapatılmış kaplarda saklayın.

59.Yulaflı susamlı cips

İÇİNDEKİLER:

- ½ bardak tereyağı
- 1 su bardağı esmer şeker, paketlenmiş
- 1 çay kaşığı vanilya
- 1½ su bardağı yulaf ezmesi
- ½ su bardağı susam
- ½ çay kaşığı kabartma tozu

TALİMATLAR:

a) Orta ateşteki bir tencerede tereyağını eritin.
b) Şekeri ve vanilyayı ekleyip köpürene kadar pişirin.
c) Ateşten alıp kalan malzemeleri ekleyip karıştırın. İyice karıştırın.
d) Yağlanmış 12x8 inçlik tavaya dökün ve 350F fırında 7-10 dakika veya altın kahverengi olana kadar pişirin.
e) Soğuyunca istenilen büyüklükte parçalar halinde kesilir.

60.Çam fıstığı cipsleri

İÇİNDEKİLER:

- 1 su bardağı toz şeker
- ½ su bardağı Un
- 6 Yumurta beyazı
- 1 çay kaşığı Vanilya
- ⅛ çay kaşığı Portakal özü
- 2 yemek kaşığı Tereyağı, eritilmiş
- ¾ bardak Çam fıstığı
- Toz şeker

TALİMATLAR:

a) Toz şeker, un ve dövülmemiş yumurta aklarını birleştirin. Karıştırmak için karıştırın.
b) Vanilya, portakal özü ve tereyağını ekleyin.
c) Çam fıstıklarını katlayın.
d) Hafifçe tereyağlanmış fırın tepsisine yemek kaşığı damlatın.
e) Hamuru 3 "dairelere yayın.
f) Büyük bir fırın tepsisinde aynı anda 3 veya 4 pişirin.
g) 350'F'de pişirin. 8-10 dakika veya kızarana kadar.
h) Soğutmak için bir tel rafa çıkarın. Tadına göre pudra şekeri serpin.

61.Patates kabuğu cipsi

İÇİNDEKİLER:
- Pişmiş kabuklar; çiğ veya haşlanmış patates
- Tuzsuz tereyağı
- Tuz ve biber

TALİMATLAR:
a) Pişmiş, çiğ veya haşlanmış patateslerin kabuklarını ayırın ve bunları 3 x 1 inçlik şeritler halinde kesin.

b) Şeritleri tereyağlı bir pişirme kabına tek kat halinde yerleştirin, her bir bardak kabuk için 1 çorba kaşığı kullanarak üzerlerine tuzsuz tereyağı sürün ve üzerlerine tuz ve karabiber serpin.

c) Kabukları önceden ısıtılmış çok sıcak fırında (450 derece) kabuğun türüne göre 5 ila 25 dakika veya çok gevrek oluncaya kadar pişirin.

d) Kabukları bir sepete aktarın, istenirse tuz ve karabiber serpin ve meze olarak servis yapın.

62.Potsticker cipsleri

İÇİNDEKİLER:
- 12 adet Yuvarlak çömlekçi derisi

TALİMATLAR:

a) Çömlekçi derilerini birer birer suya batırın; fazlalığı silkeleyin.

b) Yağlanmış 12x15 inçlik bir fırın tepsisine tek bir kat halinde yerleştirin.

c) 450'F'de pişirin. Kalınlığa bağlı olarak kızarana ve gevrekleşene kadar fırında 4-8 dakika. Raflarda soğutun.

d) Önceden yapılırsa hava geçirmez şekilde paketleyin ve oda sıcaklığında 2 güne kadar saklayın.

63.Mayalı cips

İÇİNDEKİLER:
- 1 paket Maya
- ⅓ bardak ılık su
- 1 su bardağı Margarin, yumuşatılmış
- ⅛ çay kaşığı Tuz
- 2 bardak un
- 1 su bardağı Şeker

TALİMATLAR:
a) Mayayı, ılık suyu, margarini, tuzu ve unu karıştırın.
b) 1 saat soğutun. 1 inç çapında toplar oluşturun ve bunları şekerle yuvarlayın. Bunları sığ bir tavaya koyun ve 30 dakika soğutun.
c) Her topu kağıt kadar ince açın, ardından çapraz olarak ikiye bölün.
d) 30 saniye dinlendirin ve 350 F fırında altın rengi kahverengi olana kadar pişirin.

64. Brie cipsi

İÇİNDEKİLER:

- 4 ons Brie; oda sıcaklığında
- ½ bardak Tereyağı; oda sıcaklığında
- ⅔ bardak Un
- 2 tutam Cayenne biberi; tatmak
- ⅛ çay kaşığı Tuz
- Kırmızı biber

TALİMATLAR:

a) Tereyağı ve peyniri mutfak robotunda birleştirin ve krema kıvamına gelinceye kadar karıştırın.

b) Kalan malzemeleri ekleyin ve mutfak robotunda hamur neredeyse top haline gelinceye kadar karıştırın.

c) 2 inçlik yuvarlak bir rulo haline getirin ve plastik sargıya sıkıca sarın.

d) Gece boyunca buzdolabında bekletin. Ruloları ¼ inçlik parçalar halinde dilimleyin - kurabiye kağıdına 2 inç aralıklarla yerleştirin ve 400 derecede 10-12 dakika veya kenarları kahverengi olana kadar pişirin.

e) Rafta soğutun.

f) Üzerine kırmızı biber serpip hemen servis yapın.

DIP'ler

65.Buffalo Tavuk Sosu

İÇİNDEKİLER:
- 2 su bardağı kıyılmış pişmiş tavuk
- 8 ons krem peynir, yumuşatılmış
- ½ bardak acı sos
- ½ fincan çiftlik sosu
- 1 su bardağı rendelenmiş kaşar peyniri
- ¼ bardak mavi peynir kırıntısı (isteğe bağlı)
- Servis için tortilla cipsi veya kereviz çubukları

TALİMATLAR:
a) Fırını 350°F'ye önceden ısıtın.
b) Büyük bir karıştırma kabında kıyılmış tavuk, krem peynir, acı sos ve ranch sosunu birleştirin. İyice birleşene kadar karıştırın.
c) Karışımı 9 inçlik bir pişirme kabına yayın ve üzerine rendelenmiş kaşar peyniri ve mavi peynir parçalarını (kullanılıyorsa) serpin.
d) 20-25 dakika veya sıcak ve kabarcıklı olana kadar pişirin.
e) Tortilla cipsi veya kereviz çubuklarıyla sıcak olarak servis yapın.

66.Alkali Baba Ganuş

İÇİNDEKİLER:

- 1 Büyük patlıcan
- Bir avuç maydanoz
- 1-2 diş sarımsak
- 2 limonun suyu
- 2 yemek kaşığı tahin
- Tatmak için tuz ve karabiber

TALİMATLAR:

a) Izgarayı orta-yüksek ateşte önceden ısıtın ve patlıcanı bütün olarak yaklaşık yarım saat pişirin.

b) Kesip içini bir kaşıkla kazıyın, ardından eti bir süzgecin içine koyun.

c) Pürüzsüz olana kadar karıştır.

67.Kabak ve Nohut Humus

İÇİNDEKİLER:
- 1 kutu nohut, süzülmüş ve durulanmış
- 1 diş sarımsak, doğranmış
- 1 yeşil kabak, doğranmış
- Bir avuç kıyılmış maydanoz
- Bir avuç kıyılmış fesleğen
- Himalaya veya Deniz Tuzu
- Taze çekilmiş karabiber
- 4 yemek kaşığı zeytinyağı
- Bir tutam taze limon suyu

TALİMATLAR:
a) Her şeyi karıştırın.

68.Limonlu Nohut ve Tahinli Humus

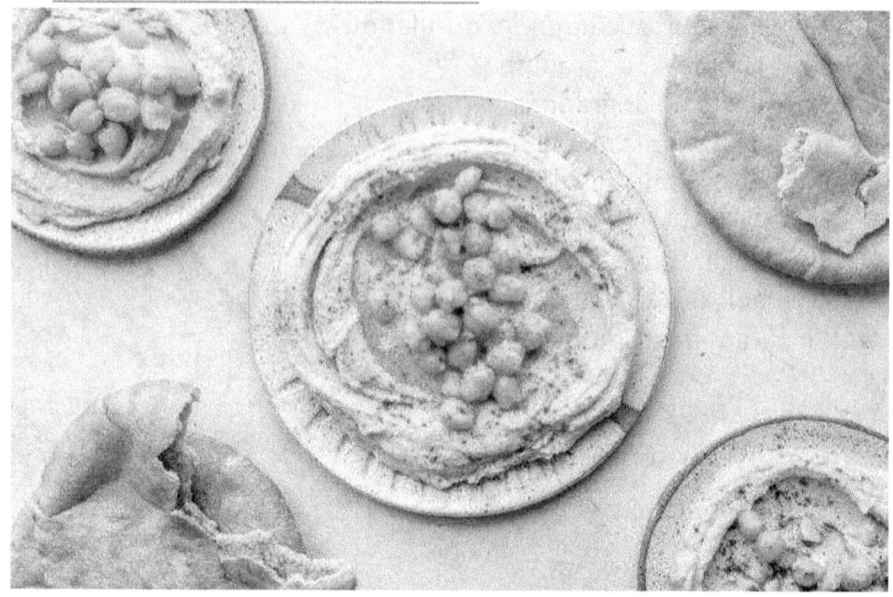

İÇİNDEKİLER:
- ½ limondan limon suyu
- 1 konserve kurutulmuş nohut, ıslatılmış
- 1 diş sarımsak
- 1 yemek kaşığı tahin
- 1 yemek kaşığı zeytinyağı

TALİMATLAR:

a) Pürüzsüz olana kadar her şeyi karıştırın.

69.Sarımsaklı Nohut Humus

İÇİNDEKİLER:
- 2 diş sarımsak
- 1 kutu nohut
- 1 yemek kaşığı Tahin
- 1 Limondan limon suyu
- 1 yemek kaşığı zeytinyağı

TALİMATLAR:
a) Bir karıştırma kabında tüm malzemeleri karıştırın.

70.Baharatlı Balkabağı ve Krem Peynir Sosu

İÇİNDEKİLER:

- 8 ons Krem Peynir
- 15 ons şekersiz konserve kabak
- 1 çay kaşığı tarçın
- ¼ çay kaşığı yenibahar
- ¼ çay kaşığı hindistan cevizi
- 10 ceviz, ezilmiş

TALİMATLAR:

a) Krem Peyniri ve konserve balkabağını mikserde krema kıvamına gelinceye kadar çırpın.

b) Tarçın, yenibahar, küçük hindistan cevizi ve cevizleri iyice birleşene kadar karıştırın.

c) Servis yapmadan önce buzdolabında bir saat kadar soğutun.

71. Krem Peynir ve Bal Sosu

İÇİNDEKİLER:
- 2 ons Krem Peynir
- 2 yemek kaşığı bal
- ¼ su bardağı sıkılmış portakal suyu
- ½ çay kaşığı öğütülmüş tarçın

TALİMATLAR:
a) Pürüzsüz olana kadar her şeyi karıştırın.

72. Garlicky Alkali Guacamole

İÇİNDEKİLER:

- 2 avokado, çekirdekleri çıkarılmış
- 1 adet domates, çekirdekleri çıkarılmış ve ince doğranmış
- ½ yemek kaşığı taze limon suyu
- ½ küçük sarı soğan, ince doğranmış
- 2 diş sarımsak, preslenmiş
- ¼ çay kaşığı deniz tuzu
- Bir tutam biber
- Kıyılmış taze kişniş yaprağı

TALİMATLAR:

a) Avokadoları küçük bir kapta patates ezici kullanarak ezin.

b) Püre halindeki avokadoların içerisine ilave malzemeleri karıştırdıktan hemen sonra servis yapın.

73. Alkali Jalapeno Salsa

İÇİNDEKİLER:
- 4 orta boy domates, soyulmuş ve doğranmış
- ¼ bardak doğranmış kırmızı soğan
- Jalapeño biberi, çekirdeği çıkarılmış ve ince doğranmış
- 1 yemek kaşığı soğuk sıkım zeytinyağı
- 1 çay kaşığı deniz tuzu
- 1 çay kaşığı kimyon
- 1 çay kaşığı kıyılmış sarımsak
- Taze maydanoz

TALİMATLAR:
a) Tüm malzemeleri karıştırın.

74. Bavyera partisinin düşüşü/yayılması

İÇİNDEKİLER:

- ½ bardak soğan, kıyılmış
- 1 pound Braunschweiger
- 3 ons Krem peynir
- ¼ çay kaşığı karabiber

TALİMATLAR:

a) Soğanları sık sık karıştırarak 8-10 dakika soteleyin; ateşten alın ve boşaltın.

b) Kabı Braunschweiger'den çıkarın ve eti krem peynirle pürüzsüz hale gelinceye kadar karıştırın. Soğan ve biberi karıştırın.

c) Krakerler, ince dilimlenmiş çavdar üzerine ciğer sürerek servis yapın veya havuç, kereviz, brokoli, turp, karnabahar veya kiraz domates gibi çeşitli taze çiğ sebzeler eşliğinde sos olarak servis yapın.

75. Fırında enginar partisi sosu

İÇİNDEKİLER:

- 1 Somun büyük koyu çavdar ekmeği
- 2 yemek kaşığı Tereyağı
- 1 demet Yeşil soğan; doğranmış
- 6 diş taze sarımsak; 8'e kadar ince kıyılmış
- 8 ons Krem peynir; oda sıcaklığında.
- 16 ons Ekşi krema
- 12 ons Rendelenmiş kaşar peyniri
- 14 onsluk enginar kalbi konservesi; süzüldü ve dörde bölündü

TALİMATLAR:

a) Ekmek somununun üst kısmında yaklaşık 5 inç çapında bir delik açın. Yumuşak ekmeği kesilen kısımdan çıkarın ve atın.
b) Bir somunun üstünü yapmak için kabuğu ayırın.
c) Somunun yumuşak iç kısmının çoğunu çıkarın ve doldurma veya kurutulmuş ekmek kırıntısı gibi başka amaçlar için saklayın. Tereyağda,
d) Yeşil soğanları ve sarımsakları, soğanlar ölene kadar soteleyin. Krem peyniri küçük parçalar halinde kesin ve soğanı, sarımsağı, ekşi kremayı ve kaşar peynirini ekleyin. İyice karıştırın. Enginar kalplerini katlayın, bu karışımın tamamını içi boş ekmek şeklinde boşaltın. Üstünü ekmeğin üzerine yerleştirin ve ağır hizmet tipi alüminyum folyoya sarın. 350 derecelik fırında 1½ saat pişirin.
e) Hazır olduğunuzda folyoyu çıkarın ve sosu daldırmak için kokteyl çavdar ekmeği kullanarak servis yapın.

76.Tuğla Peynir Sosu

İÇİNDEKİLER:

- 3 ons ricotta peyniri
- 3 ons taze rendelenmiş tuğla peyniri
- 3 yemek kaşığı taze kekik yaprağı
- 6 ons keçi peyniri
- 1 ons parmesan sert peyniri, taze rendelenmiş
- 4 şerit kalın kesilmiş pastırma, pişirilmiş ve ufalanmış
- Tatmak için biber ve tuz

TALİMATLAR:

a) Fırını kızartmaya hazırlayın.
b) Tüm malzemeleri bir pişirme kabında birleştirin.
c) Parmesan peynirini yemeğin üzerine serpin.
d) Önceden ısıtılmış fırında 5 dakika veya peynir kahverengileşip kabarmaya başlayana kadar pişirin.
e) Fırından çıkarıp hemen servis yapın.

77.Mavi Peynir ve Gouda Peyniri Sosu

İÇİNDEKİLER:

- 2 yemek kaşığı tuzsuz tereyağı
- 1 su bardağı tatlı soğan, doğranmış
- 2 su bardağı krem peynir, oda sıcaklığında
- ⅛ çay kaşığı tuz
- ⅛ çay kaşığı beyaz biber
- ⅓ bardak Montucky Soğuk Atıştırmalıkları
- 1 ½ su bardağı doğranmış sahte tavuk
- ½ bardak ballı hardal, ayrıca üzerine serpmek için daha fazlası
- 2 yemek kaşığı çiftlik sosu
- 1 su bardağı rendelenmiş kaşar peyniri
- 2 su bardağı Gouda peyniri, rendelenmiş
- 2 yemek kaşığı mavi peynir sosu
- ⅓ bardak ufalanmış mavi peynir, ayrıca üzeri için daha fazlası
- ¾ bardak bal barbekü sosu, ayrıca üzerine serpmek için daha fazlası

TALİMATLAR:

a) Büyük bir tavada, tereyağını kısık ateşte eritin.
b) Doğradığınız soğanları tuz ve karabiberle tatlandırıp karıştırın.
c) 5 dakika veya hafifçe yumuşayana kadar pişirin.
d) Sık sık karıştırarak, soğanlar karamelize olana kadar yaklaşık 25 ila 30 dakika pişirin.
e) Fırını önceden 375° F'ye ısıtın.
f) 9 inçlik bir pişirme kabını yapışmaz pişirme spreyi ile kaplayın.
g) Krem peyniri, tüm peyniri, barbekü sosunu, ballı hardalı, çiftlik sosunu ve mavi peyniri büyük bir karıştırma kabında birleştirin.
h) Karamelize soğanları ve sahte tavukları ekleyin.
i) Hamuru bir fırın tepsisine yerleştirin.
j) Kalan peynirle süsleyin.
k) Daldırma işlemini 20-25 dakika veya altın rengi olana kadar pişirin.
l) Derhal servis yapın.

78.Pub Peynir Sosu

İÇİNDEKİLER:
- 3 yemek kaşığı iri doğranmış, salamura jalapeno biber
- 1 bardak sert elma şarabı
- ⅛ çay kaşığı toz kırmızı biber
- 2 su bardağı rendelenmiş ekstra keskin, sarı kaşar peyniri
- 2 su bardağı rendelenmiş Colby Peyniri
- 2 yemek kaşığı mısır nişastası
- 1 yemek kaşığı Dijon hardalı
- 60 kraker

TALİMATLAR:
a) Orta boy bir karıştırma kabında kaşar peyniri, Colby peyniri ve mısır nişastasını birleştirin. Bir kenara koyun.
b) Orta boy bir tencerede elma şarabı ve hardalı birleştirin.
c) Orta-yüksek ateşte kaynayana kadar pişirin.
d) Peynir karışımını yavaş yavaş, her seferinde biraz pürüzsüz hale gelinceye kadar çırpın.
e) Isıyı kapatın.
f) Jalapeno ve kırmızı biberleri karıştırın.
g) Karışımı 1 litrelik yavaş pişiriciye veya fondü kabına yerleştirin.
h) Kısık ateşte sıcak tutun.
i) Krakerlerin yanında servis yapın.

79. Acılı Mısır Sosu

İÇİNDEKİLER:

- 1 yemek kaşığı sızma zeytinyağı
- ½ pound baharatlı İtalyan sosisi
- 1 orta boy kırmızı soğan, doğranmış
- 1 büyük kırmızı dolmalık biber, doğranmış
- 1 su bardağı ekşi krema
- 4 ons krem peynir, oda sıcaklığında
- 4 su bardağı dondurulmuş mısır, çözülmüş
- ½ su bardağı doğranmış yeşil soğan
- 1 büyük jalapeno, doğranmış
- 4 diş sarımsak, doğranmış
- 1 yemek kaşığı kıyılmış kişniş
- 2 çay kaşığı Creole baharatı
- 1 çay kaşığı öğütülmüş karabiber
- 1 su bardağı rendelenmiş keskin kaşar peyniri, bölünmüş
- 1 bardak rendelenmiş Colby Jack peyniri, bölünmüş
- Yağlama için bitkisel yağ

TALİMATLAR:

a) Fırını 350 derece F'ye önceden ısıtın.

b) Orta ateşte büyük bir tavada yağı ısıtın. İtalyan sosisini ekleyin ve kızarana kadar pişirin. Soğanları ve biberleri içine atın. Yumuşayana kadar pişirin.

c) Ekşi krema ve krem peyniri ekleyin. İyice birleşene kadar karıştırın, ardından mısırı, yeşil soğanı, jalapeno biberini, sarımsağı ve kişnişi ekleyin. Her şey iyice birleşene kadar malzemeleri karıştırmaya devam edin. Creole baharatını, karabiberi, ½ fincan çedar peyniri ve ½ fincan Colby Jack peynirini serpin. İyice karıştırın.

d) Fırın tepsisini hafifçe yağlayın, ardından mısır karışımını ekleyin. Kalan peyniri üzerine serpin ve üstü açık 20 dakika pişirin. Servis yapmadan önce hafifçe soğutun.

80. Düşük Karbonhidratlı tava pizza sosu

İÇİNDEKİLER:
- Mikrodalgada 6 ons Krem Peynir
- ¼ bardak Ekşi Krema
- ½ bardak Mozzarella Peyniri, rendelenmiş
- Tatmak için biber ve tuz
- ¼ bardak Mayonez
- ½ bardak Mozzarella Peyniri, rendelenmiş
- ½ bardak Düşük Karbonhidratlı Domates Sosu
- ¼ bardak Parmesan Peyniri

TALİMATLAR:
a) Fırını önceden 350 Fahrenheit dereceye ısıtın.
b) Krem peynir, ekşi krema, mayonez, mozzarella peyniri, tuz ve karabiberi karıştırın.
c) Ramekinlere dökün ve her bir ramekinin üzerine mozzarella peyniri ve parmesan peyniri ile birlikte Domates Sosu sürün.
d) Tava pizza soslarınızı en sevdiğiniz malzemelerle doldurun.
e) 20 dakika pişirin.
f) Lezzetli ekmek çubukları veya domuz kabuklarının yanında servis yapın!

81.Yengeç rangoonu sosu

İÇİNDEKİLER:
- 1 (8 ons) paket krem peynir, yumuşatılmış
- 2 yemek kaşığı zeytinyağı mayonezi
- 1 yemek kaşığı taze sıkılmış limon suyu
- ½ çay kaşığı deniz tuzu
- ¼ çay kaşığı karabiber
- 2 diş sarımsak, kıyılmış
- 2 orta boy yeşil soğan, doğranmış
- ½ su bardağı rendelenmiş parmesan peyniri
- 4 ons (yaklaşık ½ bardak) konserve beyaz yengeç eti

TALİMATLAR:
a) Fırını 350°F'ye önceden ısıtın.
b) Orta boy bir kapta krem peyniri, mayonezi, limon suyunu, tuzu ve karabiberi iyice karışıncaya kadar el blenderiyle karıştırın.
c) Sarımsak, soğan, Parmesan peyniri ve yengeç etini ekleyip spatulayla karışıma katlayın.
d) Karışımı fırına dayanıklı bir kaba aktarın ve eşit şekilde yayın.
e) Sosun üst kısmı hafifçe kızarana kadar 30-35 dakika pişirin. Sıcak servis yapın.

82.Keçi Peyniri Guacamole

İÇİNDEKİLER:
- 2 avokado
- 3 ons keçi peyniri
- 2 limonun kabuğu rendesi
- 2 limondan limon suyu
- ¾ çay kaşığı sarımsak tozu
- ¾ çay kaşığı soğan tozu
- ½ çay kaşığı tuz
- ¼ çay kaşığı kırmızı biber gevreği (isteğe bağlı)
- ¼ çay kaşığı biber

TALİMATLAR:

a) Avokadoları mutfak robotuna ekleyin ve pürüzsüz hale gelinceye kadar karıştırın.

b) Geri kalan malzemeleri ekleyin ve birleşene kadar karıştırın.

c) Cipslerle servis yapın.

83.Çiftlik daldırma

İÇİNDEKİLER:
- 1 bardak mayonez
- ½ bardak sade Yunan yoğurdu
- 1½ çay kaşığı kurutulmuş frenk soğanı
- 1½ çay kaşığı kurutulmuş maydanoz
- 1½ çay kaşığı kurutulmuş dereotu
- ¾ çay kaşığı toz sarımsak
- ¾ çay kaşığı granül soğan
- ½ çay kaşığı tuz
- ¼ çay kaşığı karabiber

TALİMATLAR:
a) Tüm malzemeleri küçük bir kapta birleştirin.
b) Servis yapmadan önce 30 dakika buzdolabında bekletin.

84. Baharatlı karides ve peynirli dip

İÇİNDEKİLER:

- 2 dilim şekersiz pastırma
- 2 orta boy sarı soğan, soyulmuş ve doğranmış
- 2 diş sarımsak, kıyılmış
- 1 bardak patlamış mısır karidesi (panelenmiş tür değil), pişmiş
- 1 orta boy domates, doğranmış
- 3 su bardağı rendelenmiş Monterey jack peyniri
- ¼ çay kaşığı Frank'in Kırmızı-acı sosu
- ¼ çay kaşığı acı biber
- ¼ çay kaşığı karabiber

TALİMATLAR:

a) Pastırmayı orta boy bir tavada orta ateşte, gevrekleşinceye kadar yaklaşık 5-10 dakika pişirin. Tavada yağ bulundurun. Pastırmayı soğuması için bir kağıt havlu üzerine koyun. Soğuyunca pastırmayı parmaklarınızla ufalayın.

b) Tavadaki pastırma damlalarına soğan ve sarımsağı ekleyin ve orta-düşük ateşte, yumuşak ve hoş kokulu olana kadar yaklaşık 10 dakika soteleyin.

c) Tüm malzemeleri yavaş bir tencerede birleştirin; iyice karıştırın. Düşük ayarda üstü kapalı olarak 1-2 saat veya peynir tamamen eriyene kadar pişirin.

85. Sarımsak ve pastırma sosu

İÇİNDEKİLER:
- 8 dilim şekersiz pastırma
- 2 su bardağı doğranmış ıspanak
- 1 (8 ons) paket krem peynir, yumuşatılmış
- ¼ bardak tam yağlı ekşi krema
- ¼ fincan sade, tam yağlı Yunan yoğurdu
- 2 yemek kaşığı kıyılmış taze maydanoz
- 1 yemek kaşığı limon suyu
- 6 diş kavrulmuş sarımsak, püresi
- 1 çay kaşığı tuz
- ½ çay kaşığı karabiber
- ½ su bardağı rendelenmiş parmesan peyniri

TALİMATLAR:
a) Fırını 350°F'ye önceden ısıtın.
b) Pastırmayı orta boy bir tavada, orta ateşte, çıtır çıtır olana kadar pişirin. Pastırmayı tavadan çıkarın ve kağıt havlularla kaplı bir tabağa koyun.
c) Ispanakları sıcak tavaya ekleyip suyunu çekene kadar pişirin. Isıdan çıkarın ve bir kenara koyun.
d) Orta boy bir kaseye krem peynir, ekşi krema, yoğurt, maydanoz, limon suyu, sarımsak, tuz ve karabiber ekleyin ve birleşene kadar el mikseri ile çırpın.
e) Pastırmayı kabaca doğrayın ve krem peynir karışımına karıştırın. Ispanak ve Parmesan peynirini karıştırın.
f) 8" × 8" fırın tepsisine aktarın ve 30 dakika veya sıcak ve kabarcıklı olana kadar pişirin.

86.Kremalı Keçi Peyniri Pesto Sosu

İÇİNDEKİLER:
- 2 su bardağı paketlenmiş taze fesleğen yaprağı
- ½ su bardağı rendelenmiş parmesan peyniri
- 8 ons keçi peyniri
- 1-2 çay kaşığı kıyılmış sarımsak
- ½ çay kaşığı tuz
- ½ su bardağı zeytinyağı

TALİMATLAR:

a) Fesleğen, peynir, sarımsak ve tuzu bir mutfak robotunda veya blenderde pürüzsüz hale gelinceye kadar karıştırın. Eşit bir akışta zeytinyağı ekleyin ve birleşene kadar karıştırın.

b) Hemen servis yapın veya buzdolabında saklayın.

87. Sıcak Pizza Süper dip

İÇİNDEKİLER:

- Yumuşatılmış Krem Peynir
- mayonez
- Mozzarella peyniri
- Reyhan
- Kekik
- Sarımsak tozu
- Pepperoni
- Siyah zeytin
- Yeşil Biber

TALİMATLAR:

a) Yumuşatılmış krem peynirinizi, mayonezi ve biraz mozzarella peynirini karıştırın. Bir tutam fesleğen, kekik, maydanoz ve sarımsak tozu ekleyin ve güzelce birleşene kadar karıştırın.

b) Derin pasta tabağınıza doldurun ve eşit bir tabaka halinde yayın.

c) Üzerine pizza sosunu sürün ve dilediğiniz malzemeleri ekleyin. Bu örnekte mozzarella peyniri, pepperoni siyah zeytin ve yeşil biber ekleyeceğiz. 350 derecede 20 dakika pişirin.

88.Fırında Ispanak ve Enginar Dip

İÇİNDEKİLER:

- 14 ons enginar kalpleri, süzülmüş ve doğranmış olabilir
- 10 ons dondurulmuş doğranmış ıspanak çözülmüş
- 1 bardak gerçek mayonez
- 1 su bardağı rendelenmiş parmesan peyniri
- 1 diş sarımsak preslenmiş

TALİMATLAR:

a) Dondurulmuş ıspanakları çözdürün ve ardından ellerinizle sıkın.

b) Birlikte karıştırın: süzülmüş ve doğranmış enginar, sıkılmış ıspanak, 1 su bardağı mayonez, ¾ su bardağı parmesan peyniri, 1 diş preslenmiş sarımsak ve 1 litrelik güveç veya pasta tabağına aktarın.

c) Kalan ¼ bardak parmesan peynirini üzerine serpin.

d) 25 dakika boyunca 350°F'de veya tamamen ısıtılıncaya kadar üstü açık pişirin. En sevdiğiniz crostini, cips veya krakerlerle servis yapın.

89.enginar Dip

İÇİNDEKİLER:
- 2 su bardağı enginar kalbi, doğranmış
- 1 su bardağı mayonez veya hafif mayonez
- 1 su bardağı rendelenmiş Parmesan

TALİMATLAR:
a) Tüm malzemeleri birleştirin ve karışımı yağlanmış bir fırın tepsisine yerleştirin. 350 °F'de 30 dakika pişirin.
b) Sosu hafifçe kızarıncaya ve üstü kabarcıklanıncaya kadar pişirin.

90.Kremalı enginar sosu

İÇİNDEKİLER:

- 2 x 8 ons paket krem peynir, oda sıcaklığı
- ⅓ bardak ekşi krema
- ¼ bardak mayonez
- 1 yemek kaşığı limon suyu
- 1 yemek kaşığı Dijon hardalı
- 1 diş sarımsak
- 1 çay kaşığı Worcestershire sosu
- ½ çay kaşığı acı biber sosu
- 3 x 6 ons kavanoz marine edilmiş enginar kalbi, süzülmüş ve doğranmış
- 1 su bardağı rendelenmiş mozarella peyniri
- 3 yeşil soğan
- 2 çay kaşığı kıyılmış jalapeno

TALİMATLAR:

a) Bir elektrikli karıştırıcı kullanarak ilk 8 malzemeyi geniş bir kapta karışana kadar çırpın. Enginar, mozarella, yeşil soğan ve jalapeño'yu ekleyin.

b) Bir pişirme kabına aktarın.

c) Fırını önceden 400 ° F'ye ısıtın.

d) Köpürene ve üstü kızarıncaya kadar pişirin - yaklaşık 20 dakika.

91.Dereotu ve Krem Peynir Sosu

İÇİNDEKİLER:
- 1 su bardağı sade soya yoğurdu
- 4 ons Krem Peynir
- 1 yemek kaşığı limon suyu
- 2 yemek kaşığı kurutulmuş frenk soğanı
- 2 yemek kaşığı kurutulmuş dereotu otu
- 1/2 çay kaşığı deniz tuzu
- Biber

TALİMATLAR:
a) Her şeyi karıştırın ve en az bir saat buzdolabında saklayın.

92.Yabani pirinç ve Chili Dip

İÇİNDEKİLER:

- 12 ons pişmiş mercimek
- ¼ bardak mayasız sebze suyu
- ¼ bardak doğranmış yeşil dolmalık biber
- 1/2 diş sarımsak, preslenmiş
- 1 su bardağı doğranmış domates
- ¼ bardak doğranmış soğan
- 2 ons Krem Peynir
- 1/2 yemek kaşığı biber tozu
- 1/2 çay kaşığı kimyon
- ¼ çay kaşığı deniz tuzu
- Dash kırmızı biber
- 1/2 su bardağı pişmiş yabani pirinç

TALİMATLAR:

a) Küçük bir tencerede mercimeği ve sebze suyunu pişirin.
b) Soğanı, biberi, sarımsağı ve domatesi ekleyip orta ateşte 8 dakika pişirin.
c) Bir karıştırıcıda Krem Peyniri, kırmızı biber tozunu, kimyonu ve deniz tuzunu pürüzsüz hale gelinceye kadar birleştirin.
d) Pirinç, krem peynir karışımı ve mercimekli sebze karışımını geniş bir karıştırma kabında birleştirin ve iyice karıştırın.

93. Baharatlı Balkabağı ve Krem Peynir Sosu

İÇİNDEKİLER:

- 8 ons Krem Peynir
- 15 ons şekersiz konserve kabak
- 1 çay kaşığı tarçın
- ¼ çay kaşığı yenibahar
- ¼ çay kaşığı hindistan cevizi
- 10 ceviz, ezilmiş

TALİMATLAR:

a) Krem Peyniri ve konserve balkabağını mikserde krema kıvamına gelinceye kadar çırpın.

b) Tarçın, yenibahar, küçük hindistan cevizi ve cevizleri iyice birleşene kadar karıştırın.

c) Servis yapmadan önce buzdolabında bir saat kadar soğutun.

94.Kremalı Ispanak-Tahin Sosu

İÇİNDEKİLER:
- 1 (10 ons) paket taze bebek ıspanak
- 1 ila 2 diş sarımsak
- Çay kaşığı tuz
- ⅓ su bardağı tahin (susam ezmesi)
- 1 limonun suyu
- Büyük Kanyon
- Süslemek için 2 çay kaşığı kavrulmuş susam

TALİMATLAR:
a) Ispanakları solana kadar yaklaşık 3 dakika hafifçe buharda pişirin. Kurutup bir kenara koyun.

b) Bir mutfak robotunda sarımsakları ve tuzu ince bir şekilde doğranana kadar işleyin. Tadına göre buharda pişirilmiş ıspanak, tahin, limon suyu ve kırmızı biberi ekleyin.

c) İyice harmanlanana ve tadana kadar işleyin, gerekirse baharatları ayarlayın.

d) Sosu orta boy bir kaseye aktarın ve üzerine susam serpin. Hemen kullanmayacaksanız üzerini örtün ve ihtiyaç duyulana kadar buzdolabında saklayın.

e) Doğru şekilde saklandığında 3 güne kadar dayanır.

95.Kayısı ve Şili Dip Sosu

İÇİNDEKİLER:
- 4 adet kuru kayısı
- 1 bir bardak beyaz üzüm suyu veya elma suyu
- 1 çay kaşığı Asya biber salçası
- 1 çay kaşığı rendelenmiş taze zencefil
- 1 yemek kaşığı soya sosu
- 1 yemek kaşığı pirinç sirkesi

TALİMATLAR:

a) Küçük bir tencerede kayısıları ve üzüm suyunu birleştirin ve kaynatın. Kayısıların yumuşaması için ocaktan alıp 10 dakika bekletin.

b) Kayısı karışımını bir blender veya mutfak robotuna aktarın ve pürüzsüz hale gelinceye kadar işleyin. Biber salçasını, zencefili, soya sosunu ve sirkeyi ekleyin ve pürüzsüz hale gelinceye kadar işleyin. Tadına bakın, gerekirse baharatları ayarlayın.

c) Küçük bir kaseye aktarın. Hemen kullanmayacaksanız üzerini örtün ve ihtiyaç duyulana kadar buzdolabında saklayın.

d) Düzgün saklandığında sos 2 ila 3 gün boyunca saklanacaktır.

96. Közlenmiş Patlıcan Dip

İÇİNDEKİLER:
- 3 orta boy kabuklu patlıcan (büyük, yuvarlak, mor çeşit)
- 2 yemek kaşığı yağ
- 1 tepeleme çay kaşığı kimyon tohumu
- 1 çay kaşığı öğütülmüş kişniş
- 1 çay kaşığı zerdeçal tozu
- 1 büyük sarı veya kırmızı soğan, soyulmuş ve doğranmış
- 1 parça zencefil kökü, soyulmuş ve rendelenmiş veya kıyılmış
- 8 diş sarımsak, soyulmuş ve rendelenmiş veya kıyılmış
- 2 orta boy domates (mümkünse soyulmuş ve doğranmış)
- 4 yeşil Tay, serrano veya kırmızı biber, doğranmış
- 1 çay kaşığı kırmızı şili tozu veya kırmızı biber
- 1 yemek kaşığı kaba deniz tuzu

TALİMATLAR:

a) Fırın rafını ikinci en yüksek konuma ayarlayın. Izgarayı 260°C'ye (500°F) önceden ısıtın. Daha sonra karışıklığı önlemek için fırın tepsisini alüminyum folyo ile kaplayın.

b) Patlıcanların üzerine çatalla delikler açın (buharın çıkması için) ve fırın tepsisine dizin. Bir kez çevirerek 30 dakika kızartın. İşlem bittiğinde cilt bazı bölgelerde kömürleşecek ve yanacaktır. Fırın tepsisini fırından çıkarın ve patlıcanın en az 15 dakika soğumasını bekleyin. Keskin bir bıçakla patlıcanları bir ucundan diğer ucuna kadar uzunlamasına kesip, hafifçe çekerek açın. Buhardan kaçınmaya dikkat ederek ve mümkün olduğu kadar fazla meyve suyunu kurtararak kavrulmuş eti içeriden çıkarın. Közlenmiş patlıcan etini bir kaseye koyun; yaklaşık 4 bardak (948 mL) elde edeceksiniz.

c) Derin, ağır bir tavada yağı orta-yüksek ateşte ısıtın.

d) Kimyonu ekleyin ve yaklaşık 30 saniye cızırdayana kadar pişirin.

e) Kişniş ve zerdeçal ekleyin. Karıştırın ve 30 saniye pişirin.

f) Soğanı ekleyip 2 dakika kavurun.

g) Zencefil kökü ve sarımsağı ekleyip 2 dakika daha pişirin.

h) Domatesleri ve biberleri ekleyin. Karışım yumuşayana kadar 3 dakika pişirin.

i) Közlenmiş patlıcanların etini ekleyin ve yapışmaması için ara sıra karıştırarak 5 dakika daha pişirin.

j) Kırmızı şili tozunu ve tuzu ekleyin. Bu noktada, kömürleşmiş patlıcan kabuğunun başıboş parçalarını da çıkarıp atmalısınız.

k) Bu karışımı bir daldırma blenderi kullanarak veya ayrı bir karıştırıcıda karıştırın. Aşırıya kaçmayın; hala bir miktar doku olmalı. Kızartılmış naan dilimleri, krakerler veya tortilla cipsleri ile servis yapın. Ayrıca geleneksel olarak roti, mercimek ve raitadan oluşan bir Hint yemeği ile de servis edebilirsiniz.

97.Turp Mikro Yeşil ve Limon Sosu

İÇİNDEKİLER:

- 4 ons turp mikro yeşillikleri
- 2 ons kişniş
- 8 ons ekşi krema
- 1 yemek kaşığı sarı soğan, rendelenmiş
- 1 küçük diş sarımsak, rendelenmiş
- 2 yemek kaşığı limon suyu veya tadı
- tatmak için tuz
- tatmak için kırmızı biber gevreği

TALİMATLAR:

a) Bir karıştırıcıda mikro yeşillikleri, kişnişi (sapları ve tümü), soğanı, sarımsağı ve ekşi kremayı pürüzsüz hale gelinceye kadar birleştirin.

b) Limon suyu, tuz ve bir tutam kırmızı biber gevreği ile tatlandırın. Cips, sebze, ızgara et ve diğer garnitürlerle servis yapın.

98.Mango-Ponzu Daldırma Sosu

İÇİNDEKİLER:
- 1 bardak doğranmış olgun mango
- 1 yemek kaşığı ponzu sosu
- ¼ çay kaşığı Asya biber salçası
- ¼ çay kaşığı şeker
- 2 yemek kaşığı su ve gerekirse daha fazlası

TALİMATLAR:
a) Bir blender veya mutfak robotunda tüm malzemeleri birleştirin ve pürüzsüz hale gelinceye kadar karıştırın, daha ince bir sos istenirse bir çorba kaşığı daha su ekleyin.

b) Küçük bir kaseye aktarın. Derhal servis yapın veya kullanıma hazır oluncaya kadar üzerini kapatıp buzdolabında saklayın. Bu sosun yapıldığı gün kullanılması en iyisidir.

99.Patlıcan Ceviz Ezmesi

İÇİNDEKİLER:

- 2 yemek kaşığı zeytinyağı
- 1 küçük soğan, doğranmış
- 1 küçük patlıcan, soyulmuş ve 2,5 cm'lik zarlar halinde kesilmiş
- 2 diş sarımsak, doğranmış
- Çay kaşığı tuz
- 1/8 çay kaşığı öğütülmüş kırmızı biber
- su bardağı kıyılmış ceviz
- 1 yemek kaşığı taze kıyılmış fesleğen
- 2 yemek kaşığı vegan mayonez
- Garnitür için 2 yemek kaşığı kıyılmış taze maydanoz

TALİMATLAR:

a) Büyük bir tavada yağı orta ateşte ısıtın. Soğanı, patlıcanı, sarımsağı, tuzu ve kırmızı biberi ekleyin. Örtün ve yumuşayana kadar yaklaşık 15 dakika pişirin. Ceviz ve fesleğeni ekleyip karıştırın ve soğumaya bırakın.

b) Soğuyan patlıcan karışımını mutfak robotuna aktarın. Mayonezi ekleyin ve pürüzsüz olana kadar işleyin. Tadına bakın, gerekirse baharatları ayarlayın ve ardından orta boy bir kaseye aktarın ve maydanozla süsleyin.

c) Hemen kullanmayacaksanız üzerini örtün ve ihtiyaç duyulana kadar buzdolabında saklayın.

d) Doğru şekilde saklandığında 3 güne kadar dayanır.

100. Kavrulmuş Sarımsaklı Şımarık Ispanak Sosu

İÇİNDEKİLER:

- 5 ila 7 diş sarımsak
- 1 (10 ons) paket dondurulmuş doğranmış ıspanak, çözülmüş
- ½ bardak vegan mayonez
- ½ bardak vegan ekşi krema
- 2 çay kaşığı taze limon suyu
- ¼ bardak kıyılmış yeşil soğan
- ¼ bardak rendelenmiş havuç
- 2 yemek kaşığı kıyılmış taze kişniş veya maydanoz
- çay kaşığı kereviz tuzu
- Tuz ve taze çekilmiş karabiber

TALİMATLAR:

a) Fırını önceden 350° F'ye ısıtın. Sarımsakları küçük bir fırın tepsisinde 12 ila 15 dakika altın rengi oluncaya kadar kavurun. Kavrulmuş sarımsağı bastırın veya ezin ve macun kıvamına gelene kadar ezin. Bir kenara koyun.

b) Sarımsak kavrulurken ıspanağı yumuşayana kadar 5 dakika buharda pişirin. Kurutup ince ince doğrayın. Bir kenara koyun.

c) Orta boy bir kapta mayonezi, ekşi kremayı, limon suyunu ve kavrulmuş sarımsağı birleştirin. Birleştirmek için karıştırın.

d) Yeşil soğanı, havuçları ve kişnişi ekleyin. Buharda pişirilmiş ıspanağı karıştırın ve kereviz tuzu, tuz ve karabiber ile tatlandırın. İyice karıştırın.

e) Tatların yoğunlaşmasına izin vermek için servis yapmadan en az 1 saat önce soğutun. Hemen kullanmayacaksanız üzerini kapatıp buzdolabında saklayın.

f) Doğru şekilde saklandığında 3 güne kadar dayanır.

ÇÖZÜM

" CİPS, CRISPSLER VE SOSLAR İÇİN SON KILAVUZ" kitabının sonuna yaklaşırken, atıştırmalık dünyasını keşfederken ilham ve keyif bulduğunuzu umuyoruz. İster deneyimli bir atıştırmalık tutkunu olun, ister mutfakta yeni biri olun, bu yemek kitabı size atıştırma oyununuzu geliştirecek karşı konulamaz tariflerden oluşan bir koleksiyon sunmayı amaçladı.

Unutmayın, cipslerin, cipslerin ve sosların güzelliği çok yönlülüklerinde yatmaktadır. Özel atıştırmalıklarınızı oluşturmak için farklı tatlar, dokular ve malzemelerle denemeler yapmaktan çekinmeyin. İster bir toplantıya ev sahipliği yapıyor olun, ister evde sakin bir gecenin tadını çıkarıyor olun, ister hızlı ve tatmin edici bir atıştırmalık arıyor olun, bu kitaptaki tarifler unutulmaz atıştırma deneyimleri için rehberiniz olacaktır.

O halde en sevdiğiniz cips paketini alın, kollarınızı sıvayın ve yolculuğunuza başlayın. " CİPS, CRISPSLER VE SOSLAR İÇİN SON KILAVUZ" ile çıtırlığın tadını çıkarmaya, lezzetlerin tadını çıkarmaya ve lezzete dalmaya hazırlanın. Mutlu atıştırmalıklar!

www.ingramcontent.com/pod-product-compliance
Lightning Source LLC
Chambersburg PA
CBHW071911110526
44591CB00011B/1642